LA TUA VITA CON UNO SCOPO

Sei tappe verso un'esistenza illuminata

Dr. W. Bradford Swift

Traduzione di Claudia Ferretti

www.lifeonpurpose.com

INDICE

IL TUO SCOPO DI VITA	1
CITARE	4
DEDICA	5
RINGRAZIAMENTI	6
Creiamo un mondo con uno Scopo insieme!	7
INTRODUZIONE	8
LA CORSA SULL'OTTO VOLANTE DELLA TRASFORMAZIONE	25
TI PRESENTO LA FAMIGLIA BOOMER	26
PASSAGGIO #1	29
I Boomers Al Passaggio #1	72
PASSAGGIO #2	77
I Boomer al Passaggio #2	93
PASSAGGIO #3	95
I Boomer al Passaggio #3	117
Condividi il tuo cammino	222
PASSAGGIO #4	119
I Boomer al Passaggio #4	137
PASSAGGIO #5	139
I Boomer al Passaggio #5	210
PASSAGGIO #6	212
I Boomer al Passaggio #6 - Due anni dopo	216
RISORSE SUPPLEMENTARI	219
Insieme possiamo creare un Mondo con uno Scopo	221
Porpoise Publishing	224

IL TUO SCOPO DI VITA
Il metodo Life on Purpose

Nota della traduttrice

Come succede spesso, ho comprato questo libro seguendo l'impulso del momento.

Ed è proprio così che ho imparato a seguire la mia guida interiore e vivere secondo il mio Scopo.

Questo libro ha dato inizio ad una catena di eventi assolutamente imprevedibili, i quali hanno trasformato la mia vita.

Già dopo poche pagine mi resi conto della potenzialità di questo libro e del messaggio in esso racchiuso, così lo regalai alla mia amica Elisa. Nonostante la sua buona conoscenza dell'inglese, Elisa espresse il semplice desiderio di poterlo leggere nella sua lingua madre. Fu così che decisi di scrivere all'autore, suggerendogli di far tradurre il suo lavoro, non sono in italiano, ma anche in altre lingue. Brad mi rispose con grande entusiasmo e mi propose di tradurre io stessa il libro. Detto, fatto!

Durante il processo, sono sorte difficoltà riguardanti alcuni termini. L'italiano è sì una lingua magnifica e ricca, tuttavia spesso non presenta la flessibilità e l'adattabilità dell'inglese. L'aggettivo *purposeful* (ossia, relativo allo Scopo) viene usato dall'autore in maniera estensiva nel libro; per ragioni di chiarezza e leggibilità, questo è stato spesso tradotto con altri termini (ad esempio: significativo) oppure tralasciato, qualora non fosse necessario per comprendere un concetto (ad esempio: *Purposeful Prayer* diventa semplicemente *Preghiera* in italiano).

Di seguito troverete il risultato.

Durante questo processo ho imparato tantissimo, soprattutto a conoscere me stessa. Sono diventata più paziente e consapevole ed ho compreso che il sentiero che porta alla realizzazione dei miei desideri è delineato dalle mie scelte quotidiane.

Ho trovato il mio Scopo di Vita in questo processo. Eccolo qui:

La mia Vita con uno Scopo
è un'avventura appassionata ed una continua scoperta.
Sono libera di accettare ciò che è.
Ogni giorno cresco e mi evolvo attraverso Amore e Bellezza.

La lettura di questo libro ed il coaching intrapreso con Brad ed in seguito sua moglie Ann mi fece ben presto capire che uno dei modi nei quali volevo esprimere il mio Scopo era proprio supportando altri nel loro percorso verso la chiarificazione del proprio Scopo e vivere secondo ad esso, costruendo quindi la vita che tutti ci meritiamo di vivere. Così feci domanda e sono stata accettata nel programma di formazione per coach del Life on Purpose Institute, il quale stava proprio per iniziare.

La mia vita professionale è cambiata completamente e mi sento fiera di essere una Life Purpose Coach. Non mi sono mai sentita così felice e consapevole delle infinite opportunità che sono lì ad aspettarci, se solo apriamo i nostri occhi e siamo abbastanza coraggiosi da dar loro il benvenuto nella nostra vita. Essere al servizio degli altri rende la mia vita ancora più degna di essere vissuta. Per questo, ho deciso di includere il mio contatto a piè di pagina, in modo da poter dare al lettore italiano un'ulteriore possibilità nella creazione del proprio Scopo di Vita.

Questa traduzione non è solo frutto del mio lavoro personale. Vorrei ringraziare le persone che lo hanno reso possibile e coloro i quali sono entrati nella mia vita grazie alla trasformazione che esso ha causato:

Innanzitutto, Brad, che ha scritto questo libro e si è completamente dedicato alla sua missione di creare un Mondo con uno Scopo. Grazie a lui ed al Life on Purpose Institute, questo è già un mondo migliore. Inoltre, lui ha avuto fiducia in me e mi ha supportata, facendomi sentire di poter sempre contare sul mio coach.

Ann, moglie di Brad, con la quale abbiamo lavorato per mesi per riuscire ad ottenere non solo una traduzione precisa, ma anche un'estetica che potesse piacere al pubblico italiano.

Il mio amico Riccardo, che è stato il principale revisore del manoscritto e con il quale abbiamo trascorso interminabili ore a parlare del modo migliore di tradurre un termine riuscendo nel contempo a trasmetterne il significato. Insostituibile.

Elisa, che mi ha ispirata ed ha tenuto la mia passione per i vocaboli desueti sotto controllo, supportandomi passo passo con pazienza e motivazione.

Johannes, grazie alla sua presenza sono diventata non solo un'ottima coach, ma anche un essere umano migliore.

Sebastian, la cui semplice presenza affettuosa è stata spesso tutto ciò di cui ho avuto bisogno per continuare a lavorare, sapendo che stavo facendo la cosa giusta.

Ariana, la mia pazientissima coinquilina e amica affezionata.

Carlo, che mi ha dato alcuni suggerimenti davvero preziosi e ad un certo punto ha letteralmente salvato il manoscritto.

Isabelle, Matt, Giuseppe ed altri amici e collaboratori, i quali mi hanno supportata e motivata sul mio cammino.

Gattaccio e Gnocchi, la cui amorevole presenza felina mi ha tenuto compagnia e mi ha permesso di non sentirmi mai sola.

Ed infine, vorrei ringraziare mio padre, mia madre e mio fratello, i quali hanno fatto del loro meglio per supportarmi, avendo piena fiducia in me, anche quando non sono stati in grado di capire cosa stessi facendo o perché.

Lasciatemi concludere questa breve nota con una delle mie citazioni preferite, in questo caso di Erma Bombeck e, con questa, augurarvi una piacevole lettura alla ricerca del vostro Scopo di Vita.

Quando sarò di fronte a Dio, alla fine della mia vita,
spero di non avere più un solo grammo di talento rimasto,
e di poter dire:
"Ho usato tutto quello che mi avevi dato".

Claudia Ferretti **Walk Your Path**
Life Purpose & Relationship Coaching
Berlin - Germany
Phone 0049 30 87331177   Mobile 0049 176 44700414
hello@claudiaferretti.com   www.claudiaferretti.com
www.lifeonpurpose.com/claudia-ferretti

Ecco la vera gioia nella vita: venir usato per uno scopo di cui voi stessi riconoscete il valore. Essere una forza della natura, invece di un piccolo agglomerato di fibre, eccitato ed egoista, pieno di disagi e lamentele, che brontola per il fatto che il mondo non si dedica abbastanza alla causa della sua felicità.

George Bernard Shaw

DEDICA

Dedico questo libro alle donne che mi hanno circondato e il cui potere e impegno mi ha sostenuto sul Cammino del Significato. Tra queste, mia madre Pattie: mio padre morì poco prima del mio settimo compleanno e da allora lei mi ha fatto anche un po' da papà, preparandomi al meglio per il viaggio della vita. Inoltre, le mie coach: Judy Billman, la mia prima coach, la quale mi fece conoscere e comprendere appieno il potere di un rapporto di coaching; Jane Smith e Nancy Dorrier, che vi hanno supportato in molti momenti di transizione; Michele Lisenbury Christensen, che è stata un po' la mia levatrice, mentre mettevo al mondo il Life on Purpose Institute nella metà degli anni Novanta; infine, Andrea Lee, il cui esempio vivente ed il supporto di coach continua ad aiutarmi mentre porto il Life on Purpose Institute nel suo secondo decennio.

Dedico questo libro alle persone che fanno parte della Comunità Life on Purpose con passione e determinazione ed in particolar modo ai miei clienti, i quali mi hanno permesso di essere al loro servizio come coach Life on Purpose, dandomi quindi l'opportunità per esprimere il mio Scopo di Vita.

E sopra tutti, dedico questo libro ed ogni impresa nella mia vita alle due donne più incredibili, belle, premurose e di supporto che ci siano: mia moglie Ann e mia figlia Amber. Proprio a voi dedico questo libro: che il vostro viaggio sul Cammino sia pieno di passione, gioia, divertimento e pace dello spirito. Vi amo, stimo, adoro e proteggo entrambe.

RINGRAZIAMENTI

Un detto africano dice: ci vuole un villaggio per crescere un bambino. Ebbene, ho scoperto che ci vuole almeno un villaggio per scrivere, pubblicare e promuovere un libro. Per questo, oltre a chi ho già nominato nella mia dedica, vorrei ringraziare le seguenti persone:

I membri del team Visionary Writers on Purpose (Scrittori Visionari con uno Scopo), i quali mi hanno ascoltato settimana dopo settimana, mentre condividevo il lento progredire del progetto concernente il libro. Ancora di più, li ringrazio per essere una costante fonte di ispirazione e supporto.

Dawson Church ed il suo team presso la casa editrice Elite Books, i quali mi hanno guidato attraverso il processo di pubblicazione e commercializzazione di questo libro.

Un ringraziamento speciale va al mio grande amico Eric Miller, la cui generosità e fiducia incrollabile in questo libro ed in me ha reso tutto ciò possibile.

Creiamo un mondo con uno Scopo insieme!

Se il tuo viaggio lungo il Cammino ha migliorato la tua vita, condividi questo Processo con la tua famiglia ed i tuoi amici, ad esempio su Facebook o Twitter (usa #OnPurpose).

Inoltre, saremmo felicissimi di saperne di più su di te e la tua esperienza. Mandaci un'email al Life on Purpose Institute a admin@lifeonpurpose.com o a Claudia Ferretti (la nostra coach madrelingua italiana) a info@claudiaferretti.com

Un altro modo per contribuire alla creazione di un mondo con uno Scopo è scrivendo una recensione del libro su www.lifeonpurpose.com/latuavita, sul portale dove l'hai acquistato o sul tuo blog preferito.

INTRODUZIONE

LA TUA VITA CON UNO SCOPO IN UN MONDO CON UNO SCOPO

Come sarebbe capire il tuo Scopo di Vita Divino con chiarezza inconfutabile? Già da questo momento, puoi iniziare a vivere la tua vita con uno Scopo. Immagina, per quanto possa essere possibile, di conoscere quale sia la tua visione e di essere profondamente in contatto con essa; come quando eri bambino e stavi per intraprendere questa ardita avventura chiamata vita. Immagina inoltre di conoscere e di essere profondamente in contatto con i tuoi valori fondamentali — quelli intangibili, che significano di più per te — e di sapere e di essere fortemente in contatto con l'essenza di chi sei. Infine, immagina che tutto questo sia connesso e collegato tramite il potere di attrazione dell'amore universale, possa esso essere il tuo rapporto con Dio o un potere superiore, e la tua natura spirituale.

Attraverso questo libro, è mio interesse e intenzione creare con te una relazione intensa e significativa di coaching, come è forse meglio riassunta nel credo dei coach del Life on Purpose Institute:

Immagina un rapporto in cui l'attenzione sia completamente concentrata su di te, sul tuo Scopo di Vita e su come vivere in maniera coerente ad esso…

Immagina qualcuno che sappia ascoltare non solo le tue parole, ma anche l'anima che sta dietro si esse ed i suoi desideri più veri…

Immagina qualcuno che sia il tuo compagno mentre diventi consapevole nel vivere fedele al tuo Scopo di Vita…

Immagina che questa persona sia curiosa di conoscere i tuoi sogni e le tue aspirazioni, la tua visione del mondo e tutto ciò che più ti appassiona nella vita. Questa è una persona che ti aiuterà a chiarire quali progetti siano coerenti con la tua visione, coi tuoi valori e con chi sei e ti aiuterà a sviluppare i mezzi per realizzarli...

Immagina una relazione con una persona che possa, a volte, apparire perfino più impegnata a realizzare quello che vuoi nella tua vita, di quanto tu lo sia...

Immagina di poter contare su questa persona, la quale sarà sempre lì per dirti la verità con spietata compassione, riguardo ai molti doni e talenti che forse hai dato per scontati, o per le volte che sei sceso a compromessi con chi sei veramente...

Immagina un rapporto che ti incoraggi a liberarti dalle convinzioni autolimitanti del passato, in cui la voce che ti inibisce viene riconosciuta per quello che è: una voce dal passato. Immagina che il tuo spirito sia nutrito per modellare e dar forma alla tua vita, attimo per attimo, giorno per giorno.

Immagina che ogni aspetto della tua vita sia forgiato dal tuo Scopo di Vita Divino. Esso modella le tue azioni, i tuoi pensieri, le tue decisioni e le tue scelte... Tutto ciò secondo il tuo Scopo di Vita, che deriva a sua volta dalla fusione della tua visione, dei tuoi valori e dell'essenza del tuo essere insieme all'Amore Universale e alla tua natura spirituale.

Come sarebbe questa vita? Immaginala ora, anche solo per un attimo!

Cosa proveresti, se vivessi una vita del genere? Come ti sentiresti, se conoscessi il tuo Scopo nella vita in maniera talmente chiara, da aver il potere di determinare ogni singolo istante e tutto quello che fai?

Come sarebbe la tua vita? Quali cose faresti come espressione della tua visione, dei tuoi valori e dell'essenza della tua anima? Cosa smetteresti di fare perché non più in sintonia con il tuo Scopo di Vita? Immagina la natura magica di tale vita.

Cosa sarebbe diverso nella tua vita? E cosa invece rimarrebbe probabilmente uguale? Cosa manterresti e cosa non vorresti più avere, semplicemente perché non più in sintonia con il tuo Scopo di Vita?

Ora, proviamo ad ampliare la nostra immaginazione ancora di più. Immagina di vivere in un mondo dove ognuno conosce il proprio Scopo di Vita e vive secondo di esso. In altre parole, vivresti secondo il tuo Scopo di Vita in un mondo dove tutti fanno lo stesso. Puoi immaginarti una vita così? Come sarebbe?

Questo libro segue il metodo "Life on Purpose," un approccio sistematico, pratico, testato e con una base spirituale che ha già aiutato migliaia di persone a chiarificare il loro Scopo di Vita Divino ed iniziare a vivere al di là di quanto che avrebbero potuto immaginare in partenza.

Sei pronto ad intraprendere il tuo viaggio lungo il Cammino del Significato verso questa vita? Se è così, questo è il tuo primo compito:

Dopo aver riflettuto sulle domande precedenti, scrivi i tuoi pensieri riguardo ad ognuna di esse e condividili con qualcuno che ti è caro. Esplora questo mondo con uno Scopo con lei o lui!

IL MIO VIAGGIO LUNGO IL CAMMINO DEL SIGNIFICATO

Come parte delle mie pratiche spirituali mattutine, vado spesso a camminare sui sentieri che si svolgono intorno a Glassy Mountain dietro a casa di Carl Sandburg, giusto un paio di isolati dalla mia casa di Flat Rock nella Carolina del nord. Questa mattina, quando mi fermo a riprendere fiato, mi torna improvvisamente in mente un brutto eppure necessario episodio della mia vita agli inizi degli anni Ottanta. Sono sul pavimento del mio appartamento a Greensboro durante l'ennesimo periodo di raccoglimento, in posizione fetale e singhiozzo, non riesco neppure a ricordarmi come ci sono arrivato né quanto a lungo ci sono rimasto. So solo che sto soffrendo nell'anima e farei qualsiasi cosa pur di farlo smettere. Mi immagino cosa potrei fare se avessi una pistola. Avrei il coraggio di usarla? E se lo facessi, non rovinerei forse tutto, come ho sempre rovinato tutto nella mia vita? Più ci penso e più la pistola diventa reale, finché non realizzo che ho davvero una pistola in mano.

Sento l'impugnatura di legno liscio nel mio palmo e il metallo freddo della canna premuto contro la mia tempia. Il mio dito inizia a premere il grilletto. Basta premere solo un altro poco, un rapido lampo di dolore e quel dolore ancora più profondo se ne sarà finalmente andato. È buffo però: mentre rimango lì penso a quante persone saranno sorprese del mio suicidio. Ad un occhio esterno posso sembrare un uomo completamente realizzato: ho il mio studio veterinario, proprietà immobiliari, un'auto costosa, un portafogli pieno di carte di credito. Insomma, tutti i fronzoli di una vita che possa essere ritenuta di successo. Nonostante ciò, dietro a questo apparente benessere, c'è falsità, vuoto e sofferenza. Sento che la mia vita è senza valore e priva di ogni vero significato. Tutti gli elementi che compongono questa *"bella vita"* non portano alla vera felicità né alla mia realizzazione. La verità è che mi sento solo al mondo, senza nessuno che tenga veramente a me o che capisca cosa sto attraversando.

D'improvviso, arriva qualcuno ad invadere la mia intimità. "Vattene" penso più forte che posso e poi realizzo che lo sto davvero urlando. "Vattene! Lasciami da solo!"

Ma chiunque sia non se ne va. Un attimo dopo sento la fragranza del profumo di donna e poi la voce di un angelo. "Va tutto bene, Brad. Siamo qui per aiutarti. Va tutto bene". Solo allora riconosco la voce della mia amica Rebecca.

In questo momento, mentre guardo questa magnifica alba sulle Blue Ridge Mountains, quel giorno a Greensboro sembra appartenere alla vita di qualcun altro. Ed in qualche modo è così. Non sono più quel giovane uomo solo, confuso e spaventato. Non sono più un veterinario. Oggi sono il fondatore del Life on Purpose Institute e posso dire in tutta onestà che la mia vita ha un fine ed un significato.

Gli ultimi due decenni sono stati come un folle giro sull'otto volante, pieno di salite e discese emozionanti, seppur a volte spaventose. Questo è quello che chiamo con affetto il mio Cammino del Significato. Prima del mio quasi-suicidio, avevo attraversato questo percorso come fossi addormentato, senza essere nemmeno cosciente di essere in viaggio. Poi sono arrivati dieci anni di risveglio, con tuttavia qualche pausa nel mezzo. Ho continuato il mio processo di risveglio nei dieci anni passati, mentre allo stesso tempo ho fatto del mio meglio per assistere altre persone sul loro Cammino del Significato. Quello che segue sono alcuni dei punti chiave lungo il percorso.

Inseguendo la Regina di Cuori

Vorrei poter dire che dopo il mio quasi-suicidio la mi ha vita è cambiata improvvisamente e come per miracolo, ma... mia madre mia insegnato a non mentire. La verità è che la mia trasformazione è stata lenta e difficoltosa, un viaggio fatto di tentativi ed errori, con una serie di deviazioni e più d'un vicolo cieco.

Il successivo momento di risveglio arrivò alcuni anni più tardi, durante il mio secondo matrimonio. A quel tempo ero ancora intrappolato nel grande Sogno Americano - che consiste dal circondarsi di quante più cose costose possibile - ed avevo una compagna deliziosa, brava quanto me in questo gioco. Abitavamo in un quartiere elegante, in una splendida casa circondata da un acro di terra, la cui terrazza dava su un ruscello gorgogliante.

Sfortunatamente, lavoravo troppo per potermela godere. Mi sentivo come Alice nel Paese delle Meraviglie. Nel classico per ragazzi scritto da Lewis Carroll, una delle peripezie di Alice è con la Regina di Cuori, la quale la porta con sé durante una folle corsa attraverso la campagna. Per quanto Alice corra velocemente, sembra non poter arrivare mai da nessuna parte. Alla fine le è consentito di riposare per un attimo, appena sufficiente per esclamare, senza fiato per la corsa: "È tutto esattamente com'era prima!", al che la regina risponde: "Qui ti tocca correre più forte che puoi per restare nello stesso posto. Se vuoi andare da qualche altra parte, devi correre almeno due volte più forte." (Carroll 2007: 172 ss.)

Mi rendo conto solo ora di come Alice si fosse sentita. Ero fisicamente esausto ed emotivamente senza fiato, stavo correndo più rapidamente possibile per mantenere il passo con uno stile di vita fuori controllo, che io stesso avevo creato. Mentre osservavo il terreno coperto dai boschi e ascoltavo il gorgogliare dell'acqua tra le rocce, mi resi conto che proprio quella scena era stata la ragione principale per la quale avevo acquistato la casa. Avevo immaginato di trascorrere ore e ore fuori sulla terrazza, crogiolandomi al sole, guardando le stagioni passare... Ma le stagioni erano passate senza di me. Non avevo quasi mai messo piede in terrazza in tutto quel tempo. Ero stato troppo occupato a lavorare cinquanta o sessanta ore la settimana allo studio veterinario, in modo da poter pagare il mutuo per la casa, le rate di due automobili e mantenere tre carte di credito. Proprio come Alice, mi resi conto che qualcosa non andava in quella situazione. Stavo correndo quanto più velocemente possibile solo per tenermi al passo.

Nonostante non avessi sofferto ancora abbastanza per un cambiamento radicale, un seme di "malcontento divino" era stato piantato. Per mia sfortuna, imparai la lezione solo dopo la fine del mio secondo matrimonio e quando sfiorai l'esaurimento al lavoro.

Quanto è complicato vivere con semplicità

Il mio viaggio verso una vita più semplice e piena di significato fu motivata da due fattori: la stanchezza e la frustrazione. Ero stato sulla corsia d'accelerazione fin da quando a quindici anni avevo iniziato a lavorare part-time presso la biblioteca in centro. Ci avevo dato dentro a scuola in modo da ottenere i voti necessari per dimostrare al mondo di essere degno di studiare veterinaria. Ero addirittura riuscito a finire la prima parte dei miei studi in meno di tre anni, invece dei quattro canonici. A metà degli anni Ottanta, me l'ero fatta a piedi per vent'anni ormai e, per gli standard americani, ero un successo. Eppure, nonostante tutte le bardature del successo, continuavo a chiedermi: "È tutto qua?"

La mia frustrazione cresceva per la mancanza di mezzi tramite i quali avrei potuto esprimere i miei interessi in maniera creativa. Nonostante i miei insegnanti di arte mi avessero incoraggiato a continuare a studiare arte all'università, io non ero stato ad ascoltarli. Sapevo che gli artisti morivano di fame e i veterinari invece no. Ciò nonostante, quando mi ritrovai sulla terrazza a riflettere sulle analogie tra le vicissitudini di Alice e le mie, io stavo morendo di fame: avevo fame di tutto ciò che è creativo e spirituale.

Risvegliarsi per una vita colma di significato al servizio degli altri

Dopo più di dodici anni di lotte nella professione privata, mi decisi finalmente a cercare aiuto per far crescere la mia attività. Durante un primo colloquio, Judy Billman, una consulente finanziaria raccomandatami da un collega, mi fece una domanda che nemmeno io mi ero mai posto.

"Dr. Swift, vuole continuare a fare il veterinario?"

I miei occhi si riempirono di lacrime non appena mi resi conto che la risposta era "No". Tuttavia, se avessi lasciato l'attività in quel momento, l'avrei considerato un fallimento.

"Voglio uscire dalla porta principale, non da quella di servizio", dissi a Judy, e la assunsi per aiutarmi a realizzare quell'impresa. Per mia fortuna, Judy si rivelò molto più di una consulente finanziaria. È stata proprio lei il mio primo contatto con il coaching. Invece di passare la maggior parte del tempo rivedendo i miei rendiconti finanziari o ricontrollando l'inventario, trascorsi del tempo guardando dentro di me. Così scoprii che, mentre mi sentivo perfettamente a mio agio con i miei pazienti a quattro zampe, ero terrorizzato dai compagni bipedi che tenevano in mano il guinzaglio. E la mia riluttanza a stare con i clienti stava soffocando la mia professione.

Durante il lavoro con Judy riscoprii la vera ragione per la quale avevo iniziato a fare il veterinario, ossia essere di servizio e fare la differenza nella vita delle persone e dei loro animali. Ad un certo punto, tra le interminabili ore trascorse lottando per far quadrare i conti, avevo perso di vista lo Scopo più profondo. La mia attività non era mai cresciuta più del 15% negli anni precedenti; malgrado ciò, dopo aver ripreso contatto con il suo Scopo principale, crebbe più del 40% durante il primo anno di collaborazione con Judy. E, fatto ancora più importante, mi innamorai di nuovo del mio lavoro. Questo creò un certo dilemma: dopo tutto, avevo assunto Judy per sviluppare l'attività e poterla vendere; inoltre, avevo trovato un nuovo sfogo per la mia creatività attraverso la scrittura e stavo avendo i miei primi successi vendendo articoli ad alcune riviste. Eppure, ad un tratto, stavo vivendo la miglior fase della mia vita professionale.

Per la prima volta in vita mia stavo provando cosa significasse essere davanti ad una vera scelta: compresi che, sia che avessi mantenuto la mia attività, sia che l'avessi venduta, sarei stato felice, a patto che potessi fare la differenza ed essere di servizio. Nonostante quello fosse ancora solo un vago Scopo di Vita, iniziò tuttavia a dare forma alla mia esistenza ed alle mie decisioni. Rendendomi conto di aver realizzato tutto ciò che mi ero prefissato di fare come veterinario, vendetti la mia attività per inseguire il sogno di fare lo scrittore. E, rendendomi conto della profonda differenza che il coaching aveva fatto nella mia vita, aggiunsi anche il sogno di diventare un coach. Un anno dopo aver venduto la mia pratica veterinaria, entrai a far parte della società di coaching e consulenza dove stava lavorando Judy e dove acquisii maggiori competenze come business coach.

Una cosa nella quale credo fermamente è che, nel momento in cui diventiamo consapevoli di poter vivere una vita di servizio, l'universo inizia a metterci a disposizione tutte le risorse di cui abbiamo bisogno per esprimere e realizzare il nostro proposito. Questo è sicuramente quello che è successo a me. Non appena mi rivolsi verso la tappa successiva sul mio Cammino del Significato, Dio mi procurò una compagna di vita che condivideva con me molti dei miei valori principali, incluso il vivere una vita semplice al servizio degli altri. Proprio mentre stavo chiudendo un capitolo della mia vita ed iniziandone uno nuovo, incontrai Ann e due anni dopo ci sposammo.

Il potere di trasformazione dell'avere uno Scopo

Il momento successivo al mio risveglio arrivò durante un ritiro spirituale a Mentone, in Alabama. Stavamo imparando la legge di prosperità, nello specifico l'idea che tutti abbiamo uno Scopo di Vita divino, quando capii che almeno una parte del mio Scopo di Vita riguardava l'aiutare gli altri ad identificare e vivere secondo il loro Scopo di Vita. Avevo smesso l'attività di business coach un anno prima per concentrarmi sulla scrittura, ma avevo continuato a sviluppare le mie capacità di coach lavorando come volontario in una compagnia per lo sviluppo personale.

Qualche mese più tardi, nel tentativo di portare ancora più significato alla scrittura, creai Project Purpose. L'obiettivo del progetto era scrivere e pubblicare articoli su istituzioni e persone, le cui vite e missioni fossero dedicate ad un intenso ed ispirato Scopo o visione. Fino a quel momento, la maggior parte degli scrittori e redattori mi conoscevano come un ex veterinario, il quale era in grado di scrivere articoli chiari ed adatti alla pubblicazione sugli animali ed argomenti correlati. Nonostante avessi scritto solo uno o due profili in più di sei anni da scrittore indipendente, non vedevo l'ora di scoprire se sarei riuscito a ridirigere la mia carriera di scrittore verso la mia passione concernente l'esplorazione del mio Scopo di Vita.

Un paio di mesi dopo aver creato Project Purpose, incontrai Bo Lozoff, co-fondatore di Human Kindness Foundation, durante il mio secondo ritiro spirituale. Subito dopo aver ascoltato i suoi discorsi, mi resi conto che quell'uomo così discretamente coinvolgente aveva un messaggio che molte più persone avrebbero dovuto sentire. Mi presentai e gli dissi che stavo progettando di scrivere un articolo sul suo lavoro per il progetto Prison-Ashram, nel quale l'obiettivo è risvegliare la natura spirituale dei detenuti. A quel tempo non avevo alcuna idea di quale rivista avrebbe potuto pubblicare un tale articolo; sicuramente nessuno dei redattori di divulgazioni mediche e veterinarie per le quali ero solito scrivere sarebbe stato interessato.

Ad ogni modo, seguii questa nuova passione per il mio Scopo ed inviai una raffica di lettere riguardanti Bo ad ogni rivista che mi veniva in mente e che avrebbe potuto avere interesse nel condividere coi suoi lettori la saggezza di quest'uomo. Alcune settimane dopo ricevetti una chiamata da Jon Adolph (il quale diventò poi caporedattore del *New Age Journal*), il quale mi chiedeva di scrivere un articolo speciale per la loro pubblicazione, nonostante non avessimo mai collaborato precedentemente. Ovviamente, colsi la palla al balzo.

Fu una delle più soddisfacenti esperienze di scrittura della mia vita. Adorai condurre le ricerche – compresa una visita alla sede della Human Kindness Foundation vicino a casa ed una telefonata ritenuta "impossibile" con un detenuto in uno dei carceri di massima sicurezza del paese. Scrivere l'articolo fu un'esperienza esaltante e perfino il processo di revisione fu quasi indolore. Quando ricevetti un assegno con una cifra doppia rispetto ad ogni altro articolo che avessi mai scritto, seppi di aver fatto centro. Il primo incarico fu solo l'inizio. Continuai a seguire le briciole sul sentiero del mio Scopo e delle mie passioni ed iniziai a comprendere il mio desiderio di ispirare gli altri a vivere le loro vite in modo più significativo. Quello che non mi sarei aspettato, era che una delle persone maggiormente ispirate da quegli articoli sarei stato proprio *io*.

Intervistai dozzine di persone incredibili e mi resi conto che molti di loro esprimevano il loro Scopo di Vita attraverso il servizio agli altri in qualche maniera organizzata. Alla fine mi fu chiaro che se potevano farlo loro, avrei potuto farlo anch'io. Fu così piantato il seme di un'impresa, anche se ci sarebbe voluto un altro articolo di Project Purpose per farlo germogliare.

La nascita di Life on Purpose

L'articolo che diede vita alla mia impresa ispirata dallo Scopo fu un incarico dal titolo "Vivere con semplicità in un mondo complesso" per il *Yoga Journal*. Visto che Ann ed io eravamo impegnati nel Voluntary Simplicity Movement da anni, questo era un compito perfetto per me. Quando mi chiesero di ideare una barra delle risorse per il sito web, decisi di aggiungere Life on Purpose, il nome dell'organizzazione che volevo lanciare. Dopotutto, lo slogan per la mia organizzazione dei sogni era: "Una vita colma di significato è una vita di servizio, semplicità e serenità spirituale".

Mi ricordo ancora il giorno in cui il telefono squillò, appena qualche settimana dopo la pubblicazione del mio articolo sulla copertina dello *Yoga Journal*. Smisi di lavorare e risposi come ero abituato a fare: "Pronto! Sono Brad!"

"Parlo con *Life on Purpose*?" mi chiese una voce entusiasta all'altro capo del cavo.

Tentennai, confuso per un attimo, e mi guardai attorno nell'ufficio. Beh, sì, penso proprio che lo fosse. "Sì, questa è *Life on Purpose*. Come posso aiutarla?" risposi con solo un attimo di esitazione.

Il signore al telefono, uno psicologo che viveva in California, aveva appena letto l'articolo sullo *Yoga Journal* ed era davvero sulla mia stessa lunghezza d'onda, soprattutto per quel che riguardava il vivere una vita semplice, colma di serenità spirituale e al servizio degli altri. "Può inviarmi del materiale informativo sulla sua organizzazione?" mi chiese.

E di nuovo, con ancora meno esitazione, feci un respiro profondo e risposi: "Certo, le mando qualcosa nel giro di qualche giorno". Ovviamente, non avevo alcun materiale allora, neppure un biglietto da visita o una brochure. Ma avevo tante idee e pagine e pagine di appunti nel mio computer, così trascorsi i giorni successivi ideando il materiale da mandargli. In quel processo, nacque il Life on Purpose Institute.

Creare un mondo con uno Scopo

Uno dei miei obiettivi quando ho creato il Life on Purpose Institute era di mettere insieme due delle cose che più amo e che più mi appassionano: il coaching e lo Scopo della vita. Fu così creai il coaching sullo Scopo della vita. Consideravo senza senso che così tante persone dovessero metterci trenta o quaranta anni, se non di più, per comprendere il loro Scopo nella vita. Era davvero necessario metterci così tanto? Non potevamo in qualche modo accorciare la curva di apprendimento anche solo di poco, in modo da poter andare avanti a vivere con uno Scopo?

Mentre mi ponevo queste domande, le risposte arrivarono dalla mia guida interiore. Non ci volle molto perché queste risposte si fondessero in un processo sistematico e con base spirituale. Questo processo assiste le persone a chiarificare e di conseguenza vivere secondo il loro Scopo nella vita ed è diventato il modello per il mio coaching sul raggiungimento di uno Scopo della vita.

Ma come potevo rendere disponibile questa tecnica agli altri? E avrebbe poi funzionato? Come potevo trovare delle persone su cui provarlo? Posi di nuovo queste domande alla mia guida interiore e ricevetti le risposte.

Quando lavoravo per la società di coaching e consulenza, una delle mie prime mansioni erano state le chiamate *a freddo* a varie aziende con lo Scopo di creare nuove opportunità lavorative. Nonostante fossi diventato piuttosto bravo in quel lavoro, non mi divertii mai. In effetti, fu uno dei motivi per i quali lasciai la società. Fu così che feci un patto con Dio: "Farò tutto quello che sarà necessario per realizzare questo sogno" - pregai Dio - "tranne chiamate a freddo. Dovremo trovare un altro modo".

Seguii di nuovo la mia passione per trovare le risposte. Sono sempre stato affascinato da Internet e sono stato un fan sfegatato di Compuserve ben prima del World Wide Web. Quindi, creai il mio sito web fatto in casa. Con mia sorpresa, esso iniziò ad attirare i primi clienti del processo di coaching che avevo chiamato Life on Purpose.

E la mia tecnica funzionò. In realtà, funzionava estremamente bene, ben oltre a quello che avrei potuto immaginare. I miei clienti trasformavano le loro vite e, invece di spendere anni in tentativi ed errori, riuscivano ad acquisire una chiarezza cristallina su quello che era il loro Scopo di Vita in poche settimane. Chiaramente, il processo Life on Purpose era di ispirazione divina.

Ad esempio, uno dei miei primi clienti ad esser guidato attraverso il processo Life on Purpose era stato un piccolo imprenditore in difficoltà. Appena chiarito il suo Scopo, si era reso conto che desiderava vivere in un luogo esotico e apportare un senso di avventura alla sua vita, senza tuttavia rinunciare ad usare il suo talento a socializzare. Questa è la sua esperienza per aver intrapreso il Cammino del Significato con il processo Life on Purpose come mappa e me come sua guida e coach:

Quando iniziai, mi sembrava di nuotare controcorrente, lottando per mantenere la mia azienda a galla. Se da una parte il business della produzione televisiva mi soddisfaceva dal punto di vista artistico, dall'altra mi resi conto che stavo principalmente lavorando per provvedere alla mia famiglia. Durante il processo Life on Purpose, iniziai a credere che davvero potevo scegliere dove vivere e cosa volevo fare.

Dopo quattordici anni nella produzione televisiva, scommisi che trasferirmi a quattro ore di distanza e lavorare in un settore completamente diverso valesse la pena di rischiare. Contavo sul mio lato avventuroso, che avevo identificato come parte del mio vero Scopo, e gli diedi una chance.

Trasferirmi a Myrtle Beach fu una delle migliori decisioni della mia vita. La mia famiglia adora vivere qui ed io mi sento davvero fortunato a poter correre sulla spiaggia due o tre volte alla settimana. E sono orgoglioso di poter lavorare ad uno dei resort più esclusivi sulla East Coast, dove posso interagire con alcune tra le persone più interessanti e di successo che avrei mai potuto incontrare e che mi hanno influenzato in maniera così positiva. Quindi questo nuovo lavoro è più allineato con il mio Scopo di Vita.

Il processo Life on Purpose mi ha insegnato che buona parte della mia vita era stata determinata dalla paura che mi aveva portato a credere di dover lavorare, lavorare, lavorare, senza potermi mai divertire. Queste convinzioni mi avevano portato a restare impiegato per quattordici anni, senza alcuna prospettiva di crescita personale o finanziaria. Uscire da quel tran tran è stata la spinta verso la vita che sognavo.

Eric Miller

I risultati ottenuti da miei clienti erano molto simili e mi resi ben presto conto che l'argomento aveva portata universale. Si trattava di qualcosa di grosso. Man mano che il sito fatto da me iniziava a destare interesse da tutto il mondo, iniziai a chiedermi cosa sarebbe successo se avessi avuto un sito professionale. La risposta fu che ancora più persone si avvicinarono al Life on Purpose Institute. Non passò molto prima che la mia stessa vita fatta di servizio, semplicità e serenità spirituale fu in pericolo – soprattutto per quel che riguarda la semplicità e la serenità. Come potevo soddisfare la fame profonda del mondo per uno Scopo e mantenere la mia vita in equilibrio allo stesso tempo? Mi sovvenne infine che avrei dovuto riprodurre i miei sforzi e così, nel 1999, creai il programma di sviluppo per coach per preparare i coach del Life on Purpose Institute.

E non ci ho mai ripensato! Dal giorno della sua nascita piena di buoni auspici, il Life on Purpose Institute ha aiutato migliaia di persone a chiarificare e vivere secondo il loro Scopo di Vita. Come fondatore e Direttore Visionario, i miei giorni sono colmi del mio Scopo, di passione e divertimento. Non so ancora dove il mio Scopo mi porterà alla fine, ma il mio piano è di godermi ogni passo lungo il cammino. Dopotutto, una vita con uno Scopo deve essere vissuta fino alla fine.

Basta parlare di me!

Mi piace molto condividere la mia storia lungo il Cammino del Significato, ma questo libro è inteso principalmente come una guida personale per assistere te.

Scoprirai cosa ha intralciato il tuo cammino e lo metterai da parte, aprendo te stesso verso il lavoro interiore, il quale ti porterà a chiarificare il tuo vero Scopo di Vita Divinamente Ispirato. Arrivato a quel punto il divertimento e la vera avventura iniziano, non appena intraprendi il tuo cammino vivendo fedele al tuo Scopo di Vita rivelato.

Per prima cosa cominciamo col chiarirci perché sia così importante iniziare questo viaggio...

PERCHÉ INTRAPRENDERE IL VIAGGIO?

Cosa è uno Scopo di Vita? Ad un primo sguardo, la risposta a questa domanda sembra essere talmente ovvia da non aver nemmeno senso discuterne. Eppure, ho imparato che si trova spesso una miniera di saggezza nelle domande che prendiamo per scontate.

Ho dedicato la mia vita ad esplorare i diversi aspetti e le varie sfumature del concetto di *Scopo di Vita*. Nel 1996 fondai il Life on Purpose Institute come un mezzo per esplorare domande come "Cosa è uno Scopo di Vita?". Di conseguenza, ho avuto lonore di fare questa e molte altre domande a migliaia di persone ed ho scoperto alcune cose molto interessanti rispetto alla nostra idea di avere uno Scopo nella vita. Ed in un certo senso, si potrebbe dire che questo libro riguarda proprio tutto ciò.

Ad esempio, ho scoperto che la maggior parte delle persone risponde alla domanda "Cosa è uno Scopo di Vita?" in maniera piuttosto simile. Certo, le parole utilizzate cambiano, ma il tema principale delle risposte è piuttosto simile. In altre parole, la somiglianza delle risposte è dovuta alla società dalla quale provengono. Purtroppo, questa risposta culturale si comporta come un segnale di deviazione inosservato, il quale porta fin dall'inizio la maggior parte degli individui fuori strada rispetto al Cammino del Significato. Ne risulta che le risposte alla ben più personale domanda "Qual è il *mio* Scopo di Vita?" sono spesso fuori tema.

Questo libro serve ad esplorare una diversa riposta alla domanda "Cosa è uno Scopo di Vita?". Ho scoperto che, guardare a questa domanda da un'angolazione differente - nota anche come Prospettiva della Vita con uno Scopo - porta ad esplorare un nuovo, inaspettato e significativo sentiero e conduce le persone ad un luogo sulla mappa prima nascosto alla loro vista. È questo che io considero il vero luogo di nascita dell'autentico Scopo di Vita Divino. Ma non guardiamo troppo avanti. Andiamo prima a rispondere alla domanda "Perché è così importante avere un chiaro Scopo di Vita?".

Dai un'occhiata alle notizie

Prendi un qualsiasi giornale e passa mezzora scorrendo le notizie della sera. Non molto incoraggiante, vero? Ci stiamo uccidendo l'un l'altro come mai prima era successo nella storia e stiamo uccidendo la Terra. Ecco alcuni fatti allarmanti:

- Secondo l'FBI, ci sono stati 16.000 casi di omicidio solo negli Stati Uniti nel 2004
- Secondo la stessa fonte, sempre nello stesso anno, ci sono stati oltre 94.000 casi di stupro
- Nel 2004 sono stati riportati oltre 850.000 casi di aggressioni

armate
- Secondo il Dr. Richard Leakey, il paleoantropologo più famoso al mondo, spariscono dal nostro pianeta tra le 17.000 e le 100.000 specie ogni anno. "Poniamo che si tratti di 50.000 specie all'anno. In qualsiasi modo lo si voglia considerare, stiamo distruggendo la Terra con un impatto paragonabile alla caduta di un asteroide gigante sul pianeta o addirittura uno sciame di grandi corpi celesti."
- Gli Americani trascorrono molto più tempo nei centri commerciali che in chiesa o in altre forme di pratica spirituale. Oltre il 90% delle adolescenti negli U.S.A. considera lo shopping il loro passatempo preferito e la maggior parte degli adolescenti passano tanto tempo nei centri commerciali quanto a casa ed a scuola messi assieme.

Opinione di molti è che stiamo buttando tutto alle ortiche e che è ormai troppo tardi. Alcuni dicono che questa situazione dimostri quanto siamo intrinsecamente malvagi e perciò destinati a morire. Altri accusano il governo. Le persone più ricche e di potere puntano il dito contro i più poveri e i disoccupati, mentre a loro volta i più poveri e la classe media incolpano il sistema economico. I ricchi diventano più ricchi mentre i poveri... insomma, sapete come funziona.

Tuttavia, io non la vedo in questo modo. Vedo un'altra possibilità. Quando guardo a cosa sta succedendo, vedo un mondo senza una vera prospettiva ed esseri umani senza uno Scopo. Non c'è niente di sbagliato, solo che manca qualcosa. Come si trova nella Bibbia: "Senza una prospettiva, i popoli muoiono". Questo vale per tutti, non solo per i cristiani. Se non sappiamo perché siamo veramente qui, tendiamo a finire nei guai, che conducono a distruggere noi stessi e il mondo. Basta che leggi le notizie...

Mettiti comodo per un momento, lascia da parte il tuo cinismo e fai un paio di respiri profondi e rilassati. Immaginati mentre leggi un giornale i cui titoli riflettono un mondo dove tutti conosco il vero motivo per il quale si trovano sul pianeta Terra. Non solo tutti conoscono la loro missione, ma vivono anche la loro vita in piena armonia con essa. Puoi immaginarti come sarebbe la vita in un mondo del genere? Riesci a lasciar trasparire un barlume di questa eventualità? Immagina di leggere titoli come questi:

- **Raggiunta pace duratura in Medio Oriente**
- **I leader mondiali dichiarano la fine della fame entro questo decennio**
- **Grande conferenza interconfessionale a Gerusalemme**

Questo libro parla di questo, puro e semplice. Parla di come trasformare il mondo in modo da essere un mondo con uno Scopo - una persona alla volta.

Sarai una di queste persone?

Io credo in un mondo dove le cose non succedono per caso. E non è stato per errore o per caso che hai preso in mano questo libro. Ovviamente, non sono un tale idealista da pensare che un libro sia tutto quello che ti serve per trasformare la tua vita. Tuttavia, penso davvero che possa essere la scintilla che innesca il processo o che lo porta al livello successivo. L'ho già visto succedere innumerevoli volte nelle vite di centinaia, se non migliaia di persone, con alcune delle quali ho lavorato come coach alla ricerca del loro Scopo nella vita.

Ti sto invitando ad iniziare il tuo percorso sul Cammino del Significato e ad esplorare una prospettiva nuova ed appassionante - una prospettiva che ti aprirà le porte di un nuovo mondo in cui tutti conoscono il loro Scopo e vivono la vita in completa chiarezza di proposito.

Puoi pensare al processo Life on Purpose descritto in questo libro come alla mappa che ti guiderà lungo il Cammino del Significato. Considera me come la tua guida. Suddivideremo questo viaggio in sei distinti passaggi. Iniziamo dunque presentando brevemente ognuno dei sei passaggi che compongono questo viaggio.

I SEI PASSAGGI DEL CAMMINO DEL SIGNIFICATO

1. Prepararsi per il viaggio lungo il Cammino

Come per ogni viaggio impegnativo, è consigliabile prepararti scrupolosamente per il Cammino. Questo include determinare con cura il punto da cui stai partendo e dove intendi arrivare, così come conoscere alcuni degli ostacoli che potresti incontrare sulla tua strada. Una preparazione adeguata è importante per portare a termine con successo questo viaggio e il titolo di un libro di David Campbell lo riassume molto bene: *Se non sai dove stai andando, finirai probabilmente da qualche altra parte.*

2. Iniziare il Cammino con la *Prospettiva di Una Vita con uno Scopo*

Chiaramente, ha senso iniziare il viaggio sul sentiero più adatto e che ti porterà esattamente dove vuoi andare. Esploreremo quello che la maggior parte della gente pensa sia uno Scopo di Vita (quello che chiamiamo Prospettiva Culturale) e come questo possa essere una delle principali digressioni dal tuo vero Scopo. Studieremo poi in profondità la *Prospettiva Life on Purpose*, la quale apre la porta per un mondo di significato e possibilità.

3. Scoprire cosa ha determinato la tua vita: il tuo Scopo Acquisito

Un altro passaggio chiave lungo il Cammino è identificare con chiarezza cosa ha determinato la tua vita e cosa ti ha trattenuto dal chiarire e vivere secondo il tuo Scopo Divinamente Ispirato. Lo chiamiamo lo Scopo Acquisito, il quale è una forza potente che si nutre di paura, senso di mancanza e della necessità di lottare per sopravvivere che determina le nostre vite per la maggior parte del tempo, specialmente se non abbiamo chiaro quale sia il nostro vero Scopo. Molti che hanno già percorso il Cammino hanno scoperto che identificare quello specifico ed unico Scopo Acquisito è una delle parti più potenti e con maggior potenziale trasformativo del processo.

4. Chiarire e perfezionare il tuo vero Scopo Divinamente Ispirato

Dopo averci messo una pietra sopra identificando e diventando responsabile per il tuo Scopo Acquisito, comincia il vero divertimento. Inizierai un processo chiamato Innesca La Tua Passione, creato per chiarificare il tuo vero Scopo Divinamente Ispirato. Questo processo può essere non solo rivitalizzante, ma anche in grado di cambiare la tua vita. Questo ci porta a completare il primo stadio, ossia lo stadio di chiarificazione del tuo Scopo di Vita.

5. Imparare ad usare gli strumenti per Vivere con uno Scopo

Questo è l'inizio del secondo stadio del processo, durante il quale inizierai a vivere secondo il tuo Scopo di Vita; è la prova del fuoco e il momento in cui avvengono alcune delle maggiori trasformazioni. Verrai introdotto a sedici potenti strumenti che ti supporteranno nel creare la tua Vita con uno Scopo.

6. Padroneggiare gli strumenti per vivere con uno Scopo

Chiaramente, l'utilizzo di questi strumenti è solo l'inizio, soprattutto se desideri che la tua Vita con uno Scopo sia un capolavoro. Nella parte successiva, imparerai a padroneggiare le tecniche necessarie per creare una vita scolpita dal tuo Scopo Divinamente Ispirato.

LA CORSA SULL'OTTO VOLANTE DELLA TRASFORMAZIONE

Il Life on Purpose Process è un processo di trasformazione e la trasformazione, a volte, può essere faticosa. Più ti lascerai andare in profondità, più sarai trasformato quando riemergerai dall'altra parte. Questo processo è un po' come una corsa in ottovolante: alcuni amano le montagne russe, mentre altri le odiano. Lo stesso vale per questo processo.

Ecco una lista parziale del modo un cui potresti vivere questa corsa:

- Entusiasta ed elettrizzato
- Spaventato ed impaurito
- Frustrato e arrabbiato (ossia convinto che non ti divertirai e non trarrai beneficio dal processo)
- Annoiato ed indifferente

Ti incoraggio ad impegnarti durante tutta la corsa. In altre parole, non scendere mentre la vettura è in movimento o comunque finché non avrai completato l'intero processo, inclusi e soprattutto i compiti! Inoltre, credi nel fatto che anche coloro i quali ti circondano trarranno beneficio dal tuo impegno nella corsa.

Se rispetterai queste mie richieste ed il tuo impegno, aumenterai sensibilmente il valore che tu e coloro che ti circondano riceverete dal processo di chiarificare il tuo Scopo di Vita. Tutti a bordo!

TI PRESENTO LA FAMIGLIA BOOMER

Ti presento Bob e Barbara Boomer. Bob ha quasi sessant'anni, Barbara è nel mezzo dei suoi cinquanta; sono stati sposati più o meno felicemente per oltre venticinque anni. Hanno tre figli: Becky, ventiquattro anni, recentemente laureatasi ed alla ricerca della carriera che la renderà felice; Brent, ventidue anni, è al suo primo anno di università; Brandon, diciassette anni, finirà la scuola superiore quest'anno e andrà probabilmente all'università, nonostante non abbia la più pallida idea di cosa e dove vorrebbe studiare.

I Boomer sono una famiglia tipica ed, essendo americani, le loro vite sono state determinate dalla ricerca del Grande Sogno Americano. Fino a poco tempo fa, né Bob né Barbara avevano mai pensato molto all'idea di avere uno Scopo nella vita. Tuttavia, se li avessi costretti a parlarne, il loro punto di vista sarebbe stato conforme all'idea comunemente diffusa, ossia che uno Scopo di Vita è quello che dobbiamo fare mentre viviamo la nostra vita sulla Terra. Recentemente, però, un'amica di Barbara le ha dato un libro che l'ha fatta iniziare a pensare di più al suo Scopo nella vita; questo l'ha portata a condividere i suoi pensieri con un altro buon amico: suo marito Bob.

Poiché pensava che il suo Scopo fosse "quello che sono venuto a fare qui", quando Bob si mise a cercare il suo Scopo nella vita, pensò subito al suo lavoro. Seguendo la forte spinta dei suoi genitori, Bob diventò un dentista, proprio come suo padre. Si laureò con lode e lavorò per cinque anni come socio in uno studio dentistico, prima di aprire il suo studio privato, nel quale aveva poi lavorato per oltre vent'anni. Anche se non lo ammetterebbe mai con nessun altro tranne che con Barbara, è davvero esausto; dopo aver guardato dentro migliaia di bocche per oltre due decenni, la sensazione di avere uno Scopo nel suo lavoro si è esaurita. Eppure, visto che deve pagare le rette universitarie dei figli, un considerevole mutuo per la loro casa di 230 mq ed altre fatture ogni mese, "vado a lavorare" è diventato il motivo ricorrente di Bob.

Il lato positivo di questa idea fissa per il lavoro, è che Bob è diventato un dentista di grande successo ed un membro in vista della sua comunità. Il lato negativo è che, in questo tempo, il resto della sua vita si è ritrovato ad essere sbilanciato, ed in particolare:

- Si è alienato da sua moglie e dai suoi figli.
- Non ha davvero più tempo per gli amici, solamente per i colleghi di lavoro.
- Non ha nessun vero hobby o interesse fuori dal lavoro.
- Vita spirituale... cos'è??? Bob non si è più recato in chiesa dal giorno del suo matrimonio con Barbara e, nonostante creda in Dio, non si è mai preoccupato di restarci in contatto da quando era bambino. Eppure, qualche volta di notte, quando non riesce a dormire (e succede spesso), si chiede se non ci sia niente di più nella vita, rispetto a quello che già ha e sospetta che la risposta sia un fragoroso "Sì!".
- Secondo lo standard, la sua salute non è delle migliori, anche se questo è piuttosto comune nella sua professione. È circa dieci chili sovrappeso, soffre di pressione alta ed insonnia e guarda assiduamente la TV a tarda notte come programma disintossicante dallo stress del lavoro.

Dall'altra parte, Barbara considera l'essere una buona madre ed una moglie premurosa il suo Scopo nella vita. Une delle sue principali preoccupazioni è cosa farà di se stessa quando Brandon se ne sarà andato di casa - cosa che succederà in meno di un anno. Anche per questo motivo, la sua amica le consigliò *Life on Purpose.* Pure lei si ritrova a farsi domande come "Chi sono io? Sono davvero solamente la dolce metà del dottor Bob Boomer? Cosa farò del resto della mia vita?"

Nessuno dei Boomer riesce ad immaginarsi di trascorrere la pensione giocando a bocce e a golf, nonostante Barbara sia stanca fino allo sfinimento per aver passato gli ultimi vent'anni cercando di restare al passo con un marito iperattivo e tirando su tre figli quasi da sola.

I Boomer sono una famiglia tra la finzione e la realtà, ispirata alle tante diverse persone con le quali ho lavorato in passato; la loro condizione è tipica di tutte quelle persone che hanno erroneamente identificato il loro Scopo di Vita con quello che fanno per tirare avanti. Seguiremo i Boomer mentre viaggiano sul Cammino.

PASSAGGIO #1

PREPARARSI PER IL VIAGGIO

Mentre ti prepari per questo grandioso viaggio lungo il Cammino del Significato, ci sono tre punti principali da tenere in considerazione:

1. Da dove stai partendo?
2. Dove vuoi arrivare?
3. Quali ostacoli potrebbero impedirti di trarre il massimo dei benefici dal tuo viaggio?

La domanda numero tre riguarda soprattutto quelle barricate mentali che potrebbero emergere prima ancora d'intraprendere l'avventura. Iniziamo dunque individuando tre ostacoli comuni ed un paio di modi per prepararsi mentalmente al viaggio.

Lavorando come personal coach per oltre quindici anni, ho capito che posso davvero aggiungere valore alle vite dei miei clienti aiutandoli ad identificare i blocchi e gli ostacoli che spesso impediscono loro di ricevere il dono della saggezza che ci viene tuttavia costantemente offerto. Se stai leggendo questo libro, mi sto rivolgendo a te come ad un mio stimato cliente e ti invito a rivolgerti a me come tuo coach, il quale sta comunicando con te attraverso le pagine di questo libro.

Mentre è sicuramente vero che attingere alla nostra saggezza interiore sia un mezzo potente per portare chiarezza nelle nostre vite, c'è un'altra risorsa che molte persone non utilizzano appieno. Troppo spesso, non solo non teniamo in considerazione la saggezza che ci arriva da dentro, ma addirittura costruiamo degli sbarramenti mentali che ci impediscono di sentire con chiarezza la saggezza che l'universo ci trasmette tramite altre persone. E, nonostante questi sembrino due problemi separati, sono in realtà strettamente connessi. Nel momento in cui rimuoviamo questi blocchi mentali e creiamo un canale più nitido per ricevere i contributi degli altri, iniziamo anche a sentire cosa fa vibrare la nostra saggezza interiore. E come facciamo a sapere cosa è in accordo con la nostra stessa verità? Bisogna tenere solo quello che serve e lasciare andare il resto. Prima dobbiamo comunque eliminare i blocchi che tendono ad ostacolare o distorcere il flusso della saggezza.

Dio ci parla in molti modi, incluso attraverso la voce degli altri - ma solo se vogliamo ascoltare. Concentriamoci ora su alcuni dei blocchi che possono ostacolare una chiara ricezione.

I MAGGIORI OSTACOLI SUL CAMMINO DEL SIGNIFICATO

La mente scimmia

La mente crea circa 50.000 pensieri al giorno. Il trucco è non seguirne nessuno, visto che questi pensieri sono semplicemente un sottoprodotto del metabolismo del cervello, niente da prendere troppo seriamente insomma.

I Buddisti la chiamano "mente scimmia", un modo poetico per descrivere il costante chiacchiericcio della mente e che si riferisce alla vocina nella testa che commenta quasi ogni cosa che fai o incontri. Quel flusso di coscienza continua a saltare da un pensiero all'altra, proprio come fa una scimmia mentre salta tra i rami degli alberi.

Anche quando sei concentrato, la tua mente si perde in fantasie riguardanti quello che farai il prossimo fine settimana o una questione irrisolta che dovrai affrontare domani.

Questa voce chiacchierina non solo ti distoglie da quello a cui stai pensando, ma spreca pure energie mentali.

E se gli antichi Buddisti ce l'avevano con lei, la mente scimmia è oggi un ostacolo ancora maggiore a causa della moderna tecnologia (pensa alla televisione, alla radio e ad Internet), la quale non fa altro che rafforzarne il continuo chiacchierio. Siamo costantemente bombardati da input e, se permettiamo alle nostre azioni di seguire gli sproloqui della mente scimmia, allora ci ritroveremo veramente bloccati.

A quanti di noi è successo di essere al telefono, quando improvvisamente la mente scimmia pensa: "Chissà che email mi sono arrivate?". Se non stiamo attenti, prima di rendercene conto staremo leggendo le nostre email invece di ascoltare la persona all'altro capo del filo. Quando la nostra mente divaga, diventa quasi impossibile ascoltare appieno quello che sta dicendo un'altra persona ed ancora più difficile sintonizzarsi sui messaggi sottili provenienti da Dio. Come possiamo assicurarci che questi messaggi non vadano persi nel frastuono? Intanto, riconoscere che tutti abbiamo una mente scimmia aiuta: diventando consapevoli della sua esistenza, infatti, possiamo iniziare a domare quella scimmietta selvaggia. Ad esempio, non appena ti rendi conto di stare ascoltando la tua mente scimmia invece della persona che ti sta parlando, puoi fermarti e riportare l'attenzione alla conversazione. Potresti anche voler chiedere a quella persona di tornare indietro e ripetere quello che stava dicendo prima che la mente scimmia prendesse il controllo.

Prendersi il tempo per calmare la mente una o due volte al giorno può rivelarsi molto utile: meditare, riflettere o pregare possono davvero placare la natura irrequieta della nostra mente. Se ti rendi conto che la tua mente sta divagando in un momento in cui non puoi sgattaiolare via per meditare, prenditi un momento e concentrati sul tuo respiro. Eckhart Tolle, l'autore di *Il Potere di Adesso*, osserva come questo semplice esercizio aiuti a ritornare nel tuo "corpo interiore", a calmare la mente e riportarti al presente.

Un'altra valida strategia è quella di appuntarti tutte le cose che hai provato a ricordarti su un foglio di carta: anche questo può aiutare a liberarti della mente scimmia. Nel suo libro *Detto, fatto!*, il guru della produttività David Allen sottolinea che la nostra abilità nell'essere produttivi - la quale include anche il saper ascoltare la voce di Dio attraverso gli altri - è direttamente proporzionale alla nostra capacità di rilassarci. Solo se le nostre menti sono chiare e i nostri pensieri organizzati, possiamo raggiungere un nuovo livello di produttività libero dallo stress. La maggior parte di noi cerca di tenere troppe cose a mente.

Allora, prova a buttar giù tutti quei pensieri su un pezzo di carta! Scriviti tutti gli appuntamenti che hai cercato di ricordarti, i progetti e le prossime cose che hai bisogno di fare. Osserva la mente scimmia mentre si rilassa e si zittisce, poi ascolta: potrebbe esserci un messaggio di Dio che ti aspetta.

La sindrome della tazza piena

Il nostro secondo blocco è noto come la sindrome dalla tazza piena ed è descritto al meglio nella seguente storia della tradizione Zen:

Un giovane filosofo viaggiò fino ad un angolo remoto del mondo per incontrare il maestro e imparare tutto sull'illuminazione. Ma prima ancora che il maestro potesse prendere in considerazione l'insegnamento, egli lo invitò a partecipare alla cerimonia del tè.

Quindi si recarono nel giardino da tè, dove il maestro iniziò la venerata cerimonia: preparò l'acqua con cura e aggiunse le foglie del tè con precisione. Il maestro iniziò a versare l'acqua nella tazza del giovane filosofo e nel frattempo parlava con cortesia. Mentre la tazza iniziava a riempirsi, l'aspirante allievo diventava nervoso, ma il maestro continuava a versare. La tazza si riempì fino all'orlo e poi il tè iniziò a traboccare.

"Maestro, maestro!" - gridò il giovane - "non vedi che la tazza è piena?"

Infine, con un sorriso, il maestro smise di versare il tè. "Certo, e tu sei come la tazza: talmente pieno delle tue opinioni e congetture, che non c'è posto per l'illuminazione".

Ascoltare come se conoscessi già tutto quello che viene detto significa ascoltare come fece il giovane filosofo e ti impedisce di ricevere i contributi degli altri. Può accadere lo stesso anche mentre leggi, così come con la storia del filosofo e del maestro Zen: è conosciuta da molto tempo e, se l'hai già sentita, sarebbe facile saltarla questa volta e perderti la possibilità di comprendere in profondità come la si potrebbe applicare alla tua vita.

Anche se può sembrare incredibile, ho incontrato la sindrome della tazza piena anche nei rapporti di coaching. Immagina di pagare qualcuno per prepararti e motivarti alla vita e recarti alla seduta di coaching così pieno dei tuoi preconcetti da non avere spazio per nuove idee. Succede. Probabilmente, sono particolarmente sensibile a questo ostacolo perché è stato uno di quelli con i quali ho avuto più difficoltà nella mia vita. In effetti, continua ad essere così. Sono riuscito a trasformare la sindrome della tazza piena in un'opera d'arte! Se non sono completamente vigile e consapevole, infatti, è facile per me iniziare una conversazione pensando qualcosa come "Non solo so benissimo di cosa stai parlando, ma se solo tacessi per un attimo, potrei dirti come stanno davvero le cose".

Ogni qualvolta ci approcciamo ad una relazione come una tazza piena, lasciamo davvero poco spazio all'apprendimento di qualcosa di nuovo o all'acquisizione di idee che potrebbero fare la differenza. Eppure è davvero interessante, come la consapevolezza riesca ad eliminare questa barricata: nel momento in cui ci rendiamo conto di star ascoltando come se sapessimo tutto, possiamo afferrare quella sensazione e lasciarla andare. Possiamo quindi iniziare a relazionarci alla persona che sta cercando di fare la differenza in un altro modo.

Esploreremo alcune tecniche riguardanti ciò più avanti in questo capitolo.

Preconcetti

Diciamoci la verità: tutti abbiamo dei preconcetti. Noi tutti abbiamo nozioni che non abbiamo mai verificato, congetture varie e crediamo in cose che spesso nascondono la verità. Portiamo questi preconcetti con noi in ogni nuova relazione e spesso non ci accorgiamo nemmeno di farlo, perché lo facciamo talmente di frequente, che i nostri preconcetti sono diventati parte del rumore di sottofondo della nostra vita. E, se non ne siamo consapevoli, tutte queste nozioni che non abbiamo mai verificato e le congetture che creano i nostri preconcetti ci impediranno di evolvere e crescere nel modo in cui interagiamo con gli altri.

In altre parole, tutto ciò che non si accorda con il nostro paradigma o la nostra visione del mondo sarà scartato, ignorato, tralasciato o respinto. Una parte fondamentale del coaching si occupa di portare allo scoperto queste nozioni, presupposizioni ed opinioni, soprattutto quelle che vengono incluse nel concetto "così è la vita".

Come possiamo quindi individuare questi preconcetti, se ce li troviamo di continuo tra i piedi, intimorendoci e impedendoci di ottenere il massimo dalla nostra vita? Tanto per cominciare, possiamo iniziare ad osservare le nostre reazioni con gli altri. Molto spesso, quando sentiamo un punto di vista o un'opinione diversa dalla nostra, reagiamo, a volte anche con veemenza. Quando agiamo secondo i nostri preconcetti, ascoltiamo per vedere se siamo d'accordo oppure no con quello che sta dicendo il nostro interlocutore. E, quanto più siamo in disaccordo, tanto più sacra diventa la nostra personale "verità".

Ora, non sto certo suggerendo che tu prenda semplicemente tutto ciò che gli altri dicono per oro colato, perché questo significherebbe fare l'errore opposto. Il punto di partenza è sempre e comunque la consapevolezza. Anche stavolta, inizia osservando le tue reazioni: tendi ad ascoltare per vedere se sei d'accordo o no con quello che sta dicendo l'altro? Se è così, questo è un segnale che un preconcetto sta interferendo con la tua abilità di ascoltare a fondo quello che ti viene detto.

Ad esempio, molti clienti vengono da me convinti che "la vita è dura". Per loro non si tratta di un'opinione, bensì di un fatto della vita. Spesso è una convinzione comune nella famiglia, trasmessa di generazione in generazione, senza che mai nessuno l'abbia messa in discussione. E perché avrebbero dovuto? Guarda alle prove che hanno raccolto nel tempo: la vita *è* dura!

È davvero importante capire che, in quanto essere umani, abbiamo lo straordinario potere di concreare la nostra realtà con la sorgente divina del tutto. Purtroppo, finiamo spesso per abusare di questa abilità creativa e ci convinciamo di essere nel giusto, anche quando si tratta di credenze che in definitiva non migliorano la nostra vita.

Compito extra: *fai una lista delle convinzioni che consideri vere, ma che non migliorano la tua vita. Inizia a trovare i loro punti deboli in modo da dimostrarne la debolezza.*

La chiave per liberarsi da questi blocchi mentali (la mente scimmia, la sindrome della tazza piena ed i preconcetti) è la consapevolezza. Non appena ci rendiamo conto dell'esistenza di questi blocchi mentali, possiamo iniziare ad essere responsabili per loro. Questo ci dà la possibilità di metterli da parte e, contemporaneamente, di concepire nuove forme di pensiero, le quali aumenteranno il valore che possiamo ricevere dagli altri. In maniera del tutto naturale e spontanea, diventiamo più aperti, completamente presenti, consapevoli e disponibili a contribuire.

La mente del principiante

I Buddisti si riferiscono a questo approccio aperto alla vita come alla "mente del principiante". Avvicinarsi ad un rapporto di coaching con la mente del principiante può darti maggiori possibilità di guadagnare più valore dal rapporto stesso. Ovviamente, è altrettanto importante che il coach si avvicini al rapporto con un simile atteggiamento mentale, pronto ad esplorare ed esaminare con il suo cliente i vari aspetti e le varie prospettive della vita.

Con la mente del principiante non scarti o ignori il lavoro che hai già fatto nella tua vita, né tanto meno la saggezza che hai raccolto fino ad ora. Vuoi semplicemente costruire su queste fondamenta, tenerle in considerazione, senza tuttavia esserne limitato.

Accendi il tuo radar dell'intuizione

Quando ti avvicini ad una conversazione con la mente del principiante, sei aperto e ricettivo a nuove intuizioni. La tua mente diventa come un radar: il suo lavoro è cogliere intuizioni utili e di valore per contribuire allo sviluppo della tua vita. Una definizione di intuizione è "l'atto o il risultato di apprendere la natura interna delle cose o di vedere intuitivamente". Ma questo è solo il primo passo.

Dai un'occhiata alla formula seguente, che la mia prima coach, Judy Billman, condivise con me. Vedi se riesci a completare la parte mancante dell'equazione:

Intuizione + _____ = Vera Crescita ed Evoluzione

Judy mi fece notare quanto sia facile infatuarsi delle intuizioni. Se da una parte, come suggerisce la formula, le intuizioni sono una parte importante della nostra crescita e del nostro sviluppo come essere umani, dall'altra non sono poi così potenti da sole. O, con le parole di Judy: "Le intuizioni da sole sono un po' come un pizzicotto sul sedere. Possono attirare la tua attenzione per un istante, ma difficilmente trasformeranno la tua vita". Quindi, qual è la parte mancante dell'equazione? Cosa serve alle intuizioni per poter davvero contribuire alle nostre vite?

La risposta è: *azione*. In altre parole, occorre integrare le intuizioni che raccogliamo durante il coaching nella nostra vita tramite l'azione. A proposito: in teoria, ogni conversazione può essere vista come una dialogo di coaching, se riusciamo a tenere in disparte la mente scimmia, la sindrome della tazza piena ed i nostri preconcetti. Un modo semplice per realizzare ciò è scrivere le tue intuizioni sulla Pagina delle Intuizioni che troverai alla fine del libro. Periodicamente, scegli un pensiero in accordo con come ti senti in quel momento e decidi come agire per poterlo integrare nella tua vita in maniera pratica.

Una parola riguardo i compiti

Uno dei modi più frequenti per sabotare il tuo viaggio e per ridurre di molto il valore che riceverai nel processo è non svolgere i compiti che sono stati posti lungo il Cammino. Solo se ti impegnerai assiduamente nei tuoi Compiti di Chiamata all'Azione, riuscirai ad integrare le tue intuizioni nella tua vita quotidiana. Quindi prenditi tutto il tempo necessario per completarli, *specialmente* quelli che vorresti lasciare da fare "più tardi".

DETERMINARE IL TUO PUNTO DI PARTENZA

Immaginiamo per un attimo di voler viaggiare attraverso gli Stati Uniti fino a San Francisco. Che strada prenderesti? Prima che tu possa rispondere alla domanda, devi però conoscere la risposta ad un'altra domanda: Da dove stai partendo?

In altre parole, è fondamentale capire a che punto della tua vita sei in questo momento, in modo tale da avere un'idea più chiara di dove potrebbe condurti il Cammino del Significato. Per fare questo, userai tre strumenti con uno Scopo: la scala ed il test di autovalutazione di Life on Purpose e la Ruota della Vita. Con la scala di valutazione riuscirai ad individuare quanto ti sia chiaro il tuo Scopo nella vita. Il test di autovalutazione ti aiuterà a determinare se stai vivendo la tua secondo il tuo Scopo oppure no in questo momento, mentre la Ruota della Vita ti darà una buona visione d'insieme della tua vita presente. Attraverso questi esercizi otterrai una fotografia piuttosto nitida della tua attuale realtà.

Allarme consapevolezza! Potresti tendere a giudicarti mentre valuti a che punto della tua vita sei. Ricorda: non esiste un posto giusto o sbagliato dove essere. Sei semplicemente dove ti trovi. Quindi, mentre usi questi strumenti con uno Scopo, sii onesto e genuino con te stesso, ma senza essere ipercritico.

La scala di valutazione di Life on Purpose

Iniziamo a farci un'idea della tua attuale situazione usando questa scala di valutazione, la quale ti darà un iniziale punto di riferimento per capire quanto tu abbia le idee chiare sul tuo Scopo di Vita. Non cadere nella tentazione di criticarti o giudicarti. Sii onesto ma anche gentile mentre ti valuti. Per quel che riguarda il tuo Scopo di Vita, cerchia la frase che descrive meglio come ti senti rispetto al comprendere il tuo Scopo ed il vivere secondo esso:

A. Non ho la benché minima idea di quale sia il mio Scopo nella vita.

B. Ho una vaga idea di quale sia il mio Scopo, ma ho bisogno di raggiungere una maggiore chiarezza.

C. Ho un'idea piuttosto buona di quale sia il mio Scopo.

D. Ho chiaro quale sia il mio Scopo, ma non sto vivendo in accordo ad esso.

E. Sono certa/o del mio Scopo e sto vivendo in accordo ad esso per il 25% del tempo.

F. Sono certa/o del mio Scopo e sto vivendo in accordo ad esso per il 50% del tempo.

G. Sono certa/o del mio Scopo e sto vivendo in accordo ad esso per il 75% del tempo.

H. Sono certa/o del mio Scopo e sto vivendo in accordo ad esso per il 100% del tempo.

Ed ora vediamo di scendere nel dettaglio. Scrivi quella che è la tua più sincera descrizione di quello che consideri essere il tuo Scopo nella vita. E non preoccuparti, è impossibile sbagliarsi! Riguarderemo la tua risposta in seguito, dopo che avremo viaggiato per un buon tratto sul Cammino.

Il mio Scopo nella vita è:

ESERCIZIO: TEST DI AUTOVALUTAZIONE LIFE ON PURPOSE

L'esercizio che segue, noto come il test di autovalutazione, ti aiuterà a determinare dove ti trovi oggi in modo da conoscere il tuo punto di partenza sul Cammino del Significato.

Perché è così importante? Pensala in questa maniera: sei mai stato in un grande centro commerciale alla ricerca di un negozio nuovo, senza sapere dove fosse? Cosa hai fatto? Forse hai fatto un breve giro per vedere se riuscivi a trovare il negozio. O forse hai chiesto a qualcuno. O forse ti sei recato presso una delle colonnine informative poste di solito ad ogni ingresso.

Se hai scelto quest'ultima opzione, probabilmente hai trovato una X sulla mappa del centro commerciale, con la scritta "Voi siete qui" o qualcosa del genere. Chi progetta le mappe sa che è più facile trovare dove vuoi andare se sai da dove stai partendo. E questo è esattamente quello che farai attraverso questo divertente ed impegnativo test.

Nota: Se preferisci, puoi fare il test online su www.lifeonpurpose.com/selftest. La versione online calcola automaticamente il tuo risultato finale.

Passo n. 1

Cerchia il numero che rappresenta come ti senti rispetto alle frasi seguenti. Usa il numero cinque come neutrale. Le risposte sotto il cinque riguardano qualcosa che non funziona o ha bisogno di essere chiarito, mentre sopra il cinque si tratta di qualcosa che funziona o è chiaro.

1. Ho perfettamente chiaro quale sia il mio Scopo nella vita.

In disaccordo   1 2 3 4 5 6 7 8 9 10   D'accordo

2. La vita che conduco è espressione perfetta del mio Scopo nella vita (Ovviamente, devi prima conoscere il tuo Scopo nella vita).

In disaccordo   1 2 3 4 5 6 7 8 9 10   D'accordo

3. Il mio Scopo nella vita è concepito per far crescere me e chi mi sta intorno.

In disaccordo 1 2 3 4 5 6 7 8 9 10 D'accordo

4. Il mio Scopo nella vita mi permette di esprimermi appieno.

In disaccordo 1 2 3 4 5 6 7 8 9 10 D'accordo

5. Chi mi sta intorno conosce il mio Scopo nella vita e si relaziona a me in base ad esso.

In disaccordo 1 2 3 4 5 6 7 8 9 10 D'accordo

6. Riconosco il contributo che porto agli altri nell'esprimere il mio Scopo nella vita.

In disaccordo 1 2 3 4 5 6 7 8 9 10 D'accordo

7. Vivo basandomi su dei valori piuttosto che in maniera materialistica.

In disaccordo 1 2 3 4 5 6 7 8 9 10 D'accordo

8. La mia vita è determinata dal mio Scopo piuttosto che da quello che gli altri si aspettano o pensano di me.

In disaccordo 1 2 3 4 5 6 7 8 9 10 D'accordo

9. Vivo pienamente e sono grato per la semplice abbondanza che mi circonda.

In disaccordo 1 2 3 4 5 6 7 8 9 10 D'accordo

10. La mia vita è priva di inutile confusione e complessità ed io mi sento raramente sopraffatto, di fretta o in preda al caos.

In disaccordo 1 2 3 4 5 6 7 8 9 10 D'accordo

11. Esprimo regolarmente gratitudine per il dono generoso che è la mia vita.

In disaccordo 1 2 3 4 5 6 7 8 9 10 D'accordo

12. Mi rendo perfettamente conto di come le cose migliori della vita siano gratuite e la mia vita riflette questo pensiero.

In disaccordo 1 2 3 4 5 6 7 8 9 10 D'accordo

**13. Ho fiducia nel fatto che, se vivo secondo il mio Scopo di Vita, l'Universo provvederà a farmi avere tutto ciò di cui ho bisogno per esprimere il mio Scopo stesso.

In disaccordo 1 2 3 4 5 6 7 8 9 10 D'accordo

14. Dedico regolarmente del tempo a me stesso per attività che nutrono la mia anima.

In disaccordo 1 2 3 4 5 6 7 8 9 10 D'accordo

15. Ho un sacco di tempo da dedicare alla mia famiglia, agli amici ed alla mia comunità.

In disaccordo 1 2 3 4 5 6 7 8 9 10 D'accordo

16. Ho una vita spirituale ricca e soddisfacente.

In disaccordo 1 2 3 4 5 6 7 8 9 10 D'accordo

17. Mi sono preso il tempo di analizzare ciò in cui credo ed accertarmi che sia di mia scelta, piuttosto che ciò che gli altri pensano dovrei credere.

In disaccordo 1 2 3 4 5 6 7 8 9 10 D'accordo

18. Ho istituito la mia casa come santuario per l'anima.

In disaccordo 1 2 3 4 5 6 7 8 9 10 D'accordo

19. Sento un profondo senso di sicurezza e ho raramente paura di non avere "abbastanza" di qualcosa.

In disaccordo 1 2 3 4 5 6 7 8 9 10 D'accordo

20. Mi premuro con regolarità di aiutare gli altri sul loro cammino per vivere con uno Scopo nella vita.

In disaccordo 1 2 3 4 5 6 7 8 9 10 D'accordo

Passo n. 2

Ora calcola il tuo punteggio finale e scrivilo qui: _____. Il risultato dovrebbe essere tra 20 e 200.

Passo n. 3

L'ultimo passo è determinare quale delle seguenti categorie descrive dove ti trovi in questo momento. Scegli l'intervallo in cui cade il tuo punteggio. Prima di fare ciò, ricordati che l'obiettivo dell'esercizio è semplicemente avere un'idea del punto dal quale stai partendo. Non c'è nessun luogo giusto o sbagliato dove essere, come non esiste un'entrata giusta o sbagliata per il centro commerciale. Stai attento a non demoralizzarti con inutili giudizi.

20-50: Alla deriva

La tua vita è come una barca senza timone portata alla deriva dal mare, sballottata dalle correnti delle circostanze. Potresti considerare questo test come una sveglia. La vita ha molto più da offrire rispetto a quello che stai vivendo attualmente. Certo, a questo punto può sembrarti di dover fare tutto da solo, ma non è detto che debba essere così. Guardati intorno. L'Universo è pronto per darti tutto ciò di cui hai bisogno ed il trucco sta nell'iniziare oggi - proprio adesso, in questo momento! Cosa potresti fare per iniziare a vivere più pienamente secondo il tuo Scopo? A chi potresti rivolgere per ottenere appoggio e supporto? Quali richieste potresti fare per dare inizio al processo di guarigione e crescita della tua anima?

51-80: Sopravvivenza

A questo livello te la stai cavando, nonostante tu abbia spesso la sensazione che ti manchi qualcosa. Queste sensazioni potrebbero essere dovute alla tua anima che si sta risvegliando e notando le immense opportunità che stanno per arrivare. Fidati di queste intuizioni e comincia a chiedere alla tua guida interiore cosa serve per iniziare a realizzare la tua vita. Per fare ciò, avrai bisogno di trascorrere del tempo riflettendo in silenzio e questo tempo che ti sarai ritagliato sarà estremamente gratificante, soprattutto se seguirai i suggerimenti che si presenteranno in questi momenti.

81-110: Impegno

La tua vita sta migliorando e hai molte ragioni per essere riconoscente, anche se potresti non essere completamente consapevole di questi doni. Per questo, lavorare sul tuo senso di gratitudine ti aiuterà molto nel passaggio al livello successivo. I due momenti ideali per esprimere consapevolmente la tua gratitudine sono la mattina appena svegli e la sera prima di andare a dormire. Se ancora non l'hai preso in considerazione, prova a pensare di iniziare a tenere un *diario della gratitudine* o semplicemente di dedicare dai cinque ai dieci minuti alla mattina e alla sera per enumerare le tue benedizioni. Sarà tempo speso bene.

111–140: Esperienza

Congratulazioni! Hai fatto un buon lavoro e si vede: vivi una vita che funziona ottimamente ed è basata sull'integrità e tu sai come raccoglierne i frutti. Stai iniziando ad essere in grado di attrarre le persone e le opportunità giuste. È giunto ora il momento di abbracciare un rinnovato senso di responsabilità per la tua vita. Tu sei una sorgente di luce, un faro che mostra ciò che è possibile. Diventando consapevole di ciò, puoi proseguire nella tua vita ed allo stesso tempo essere di ispirazione per gli altri. Per migliorare ancora, lascia che la tua luce risplenda: condividi i tuoi doni, le tue benedizioni e la tua natura più autentica con gli altri. Non con presunzione, bensì con genuinità.

141–170: Prosperità

Sii orgoglioso della tua vita. L'hai resa un santuario per l'anima sia per te che per coloro i quali ti circondano. La tua vita è come un porto tranquillo dove gli altri possono recarsi a riposare e ricevere supporto. Allo stesso tempo, conosci te stesso abbastanza bene per dire la verità in modo da poter aiutare gli altri. Il prossimo passo riguarda la fiducia: in te, nella tua guida interiore e nell'Universo.

171–200: Eccellenza

Uno dei segni dell'essere un maestro è sapere che non si finisce mai di imparare. Tuttavia, a questo livello ti senti a tuo agio con questo paradosso. È giunto il momento di condividere tutto quello che hai imparato, sapendo che non c'è limite alla generosità dell'Universo: più dai e più l'Universo ti ricompenserà.

Passo n. 4

Mentre continui sul Cammino, osserva i tuoi progressi e ripeti il test ogni circa tre mesi. Così facendo, avrai l'opportunità di renderti conto dei progressi che stai facendo e di individuare le aree sulle quali vuoi concentrarti maggiormente.

Diamo uno sguardo da vicino al test

Prendiamoci qualche minuto per guardare più da vicino le varie componenti del test, in maniera da poterci rendere conto di quanto ognuna di loro sia parte integrante di una vita vissuta con uno Scopo.

1. Ho perfettamente chiaro quale sia il mio Scopo nella vita.

La verità è che la maggior parte delle persone non ha un'idea chiara di quale sia il loro Scopo nella vita, anche se spesso pensano di averla. In realtà, secondo il famoso libro *Cool Careers for Dummies*, il 46% degli uomini e il 40% delle donne dicono di stare ancora cercando il loro Scopo e il significato della loro vita.

Quando William Marsten, eminente psicologo, chiese a 3.000 persone per quale ragione vivessero, il 94% rispose di non avere uno Scopo preciso nella vita. Il 94%!

Perché diventa quindi così importante sapere con certezza quale sia il tuo Scopo? Pensa al tuo Scopo nella vita come ad una sorgente di luce: se non hai idea di quale sia il tuo Scopo, la luce resta spenta e l'unica cosa che in pratica puoi vedere è il buio. Se hai una vaga idea di quale sia il tuo Scopo, allora la luce è come una lampada da tavolo: può essere calda e confortante, ma manca ancora di potenza. D'altro canto, avere chiarito e stabilito il proprio Scopo nella vita significa avere a disposizione un raggio laser, il quale sarà in grado di aprirti un varco attraverso le circostanze della vita che spesso impediscono alle altre persone di vivere una vita soddisfacente ed appagante.

Uno dei primi passi da fare è dunque capire quanto il tuo Scopo ti sia chiaro o quanto non lo sia.

2. La vita che conduco è espressione perfetta del mio Scopo nella vita.

Se non ti è chiaro il tuo Scopo, hai ovviamente ottenuto un punteggio basso qui. Eppure, chiarirlo è davvero solo la prima tappa sul Cammino. Il vero viaggio inizia quando cominci a vivere come espressione del tuo Scopo. Proprio per questo considero il secondo stadio del processo Life on Purpose come il reale momento della verità, senza il quale la dichiarazione in sé del tuo Scopo si limiterebbe ad una cosa senza grande significato e ben poca influenza sulla tua vita quotidiana.

La cosa più bella è che puoi iniziare sin da ora a vivere secondo il tuo Scopo, anche se non l'hai ancora chiarito fino in fondo. Inizieremo questo processo con l'esercizio "Crea lo spazio".

3. Il mio Scopo nella vita è concepito per far crescere me e chi mi sta intorno.

So che può sembrare strano, ma alcune delle definizioni di Scopo che vengono scritte sono infuse di senso di colpa e del dovere o addirittura di paura. Alcune persone possono essere convinte di essere state mandate qui per fare qualcosa che solo loro sanno fare; di conseguenza, se non lo fanno o se non ottengono successo facendolo, si sentono in colpa. Questa combinazione di senso del dovere e senso di colpa funziona a volte come un potente sedativo.

Alcuni anni fa ho lavorato con un cliente - lo chiamerò Ed. Quando gli chiesi cosa significasse secondo lui avere uno Scopo nella vita e che idea avesse del suo Scopo, mi rispose: "Penso che uno Scopo di Vita sia il motivo per il quale sono stato mandato sulla Terra e che solo io posso realizzare".

Ed andò avanti raccontandomi di aver incontrato anni addietro una donna che, secondo lui, aveva delle idee straordinarie per quel che riguarda il regno spirituale. Con sua moglie incontravano regolarmente un gruppo di altre persone per ascoltare e parlare con questa saggia. Ed aveva avuto il permesso di registrare molti di questi incontri con l'intenzione di divulgarne il contenuto un giorno. A quel punto, lui era l'unico ad avere quel materiale e sentiva che diffondere il messaggio della saggia era il suo Scopo di Vita. Purtroppo, non aveva ancora fatto nulla delle registrazioni e per questo si sentiva terribilmente in colpa e in preda al rimorso per non avere ancora iniziato ad esaudire il suo Scopo di Vita.

Ma io non credo proprio che Dio voglia vederci vivere una vita di rimorsi e sensi di colpa. Se il pensiero del tuo Scopo ti fa sentire in maniera simile, possono esserci almeno tre cause per ciò.

Innanzitutto, potresti aver mal interpretato il tuo Scopo come qualcosa che *devi* fare piuttosto che qualcosa che sei *ispirato* a fare. Come scoprirai durante il processo, non si tratta nemmeno di quello che fai, bensì di chi tu sia. Il tuo Scopo nella vita non si basa sui "doveri", i quali vengono dall'esterno e non sono la sorgente del tuo vero Scopo di Vita.

L'altra possibile causa del senso di colpa o dei rimorsi può sorgere se hai identificato almeno una parte del tuo Scopo nella vita o un modo per metterlo in pratica, ma non riesci a proseguire nel tuo intento. L'unica cosa peggiore di non scoprire mai il tuo Scopo nella vita è diventarne sì consapevole, ma non agire poi di conseguenza vivendolo pienamente.

Premurati quindi di osservare se provi senso di colpa o se hai dei rimorsi rispetto al tuo Scopo di Vita. Se è così, chiediti cosa stanno cercando di dirti queste sensazioni. Prenditi del tempo per analizzare queste sensazioni con la tua guida interiore ed ascoltala. Poi, segui il suo consiglio.

Ricordati: l'essenza del tuo Scopo di Vita è arricchire e far crescere te e gli altri. Se quello che hai identificato come tuo Scopo di Vita fino ad oggi non ti sta effettivamente arricchendo, sii diffidente: probabilmente non è più il tuo Scopo nella vita (se mai lo è stato) o è una parte di esso, ma non hai ancora cominciato ad agire di conseguenza.

4. Il mio Scopo nella vita mi permette di esprimermi appieno.

Anche se potrebbe sembrare una ripetizione del numero due, c'è in realtà una sottile ma tuttavia importante differenza. L'affermazione numero due riguarda il fatto se tu stia o meno vivendo secondo il tuo Scopo di Vita. La numero quattro, invece, ne sottolinea un'altra caratteristica: il tuo Scopo di Vita deve essere sì chiaro e determinato, ma allo stesso tempo non deve essere costrittivo o limitante per te stesso. Parleremo delle caratteristiche che ci si aspetta di incontrare nella dichiarazione di uno Scopo di Vita in un altro capitolo.

5. Chi mi sta intorno conosce il mio Scopo nella vita e si relaziona a me in base ad esso.

Vogliamo ora soffermarci sull'aspetto relazionale dell'essere umano: più persone ti conosceranno e si relazioneranno con te secondo il tuo Scopo di Vita e più liberamente potrai esprimerlo nel mondo. Perciò, più a lungo vivrai secondo il tuo Scopo e più facile diventerà andare avanti, in particolar modo se condividerai chi sei veramente con le persone che ti circondano.

Detto in un altro modo, il tuo Scopo non vive solo dentro di te e, se lo fa, c'è una grande probabilità che venga represso. Quello che fa davvero prosperare il tuo Scopo è il poter respirare nella consapevolezza degli altri: più persone sanno quale sia il tuo Scopo di Vita e si relazionano con te almeno parzialmente secondo esso, e più spazio hai per giocartela ed esprimerti in coerenza alle tue idee.

Per questo, mentre ti trovi sul Cammino, assicurati di condividerlo con gli altri. Senza dimenticare che viaggiare in compagnia è sempre più divertente.

6. Riconosco il contributo che porto agli altri nell'esprimere il mio Scopo nella vita.

Il tuo Scopo di Vita in azione è un contributo. Come esseri umani, è intrinseco nella nostra natura il voler fare una differenza nella vita di altri esseri umani: non vediamo l'ora di dare il nostro contributo e di essere d'aiuto. Aiutare gli altri è una conseguenza naturale del vivere secondo il nostro Scopo. Un altro modo per chiarirlo meglio è dicendo che il tuo Scopo di Vita non riguarda solamente te, ma anche gli altri.

Man mano che il tuo Scopo diventa più chiaro, scoprirai modi nuovi e creativi per esprimerlo in tutte le aree della tua vita. Non ci sarà più alcun bisogno di pensare al tuo Scopo solo in termini di lavoro, carriera o professione, né dovrai limitarlo ai ruoli che interpreti nella tua vita, come ad esempio il miglior genitore del mondo, la sorella o il fratello affettuoso o il bravo impiegato.

È davvero possibile vivere secondo il tuo Scopo in tutte le aree della vita per il 100% del tempo. Ora, per molti questo sembra essere un traguardo lontano, giù in fondo al Cammino e va bene così, perché il viaggio verso la destinazione è divertente e stimolante.

Mentre ti trovi sul Cammino e acquisisci chiarezza rispetto al tuo Scopo, fermati di tanto in tanto per riflettere su come, dove e con chi ti darebbe gioia contribuire alla felicità altrui. Questo porta spesso a chiarire ancora meglio il tuo Scopo. Perché? Perché i nostri contributi sono come briciole di passione, frammenti di informazione e sensazioni che ci conducono fino al nostro vero Scopo e alla nostra vocazione.

7. Vivo basandomi su dei valori piuttosto che in maniera materialistica.

Oggigiorno questa può essere un'intenzione difficile da mantenere: la nostra cultura occidentale è talmente impregnata di materialismo che diventa arduo non farsi coinvolgere. Veniamo letteralmente aggrediti ogni giorno da centinaia se non migliaia di inviti a comprare di più, di più e ancora di più. È facile lasciarsi confondere e pensare che il nostro Scopo riguardi l'avere di più rispetto all'essere di più.

Ora, non sto dicendo che ci sia qualcosa di sbagliato nelle cose in sé o nel desiderio di avere possedimenti materiali. Parte del mio Scopo di Vita è avere una vita colma di "abbondanza consapevole e semplicità". Sostengo e credo che noi tutti viviamo in un universo generoso e ricco e che Dio ci fornisca tutte le risorse di cui abbiamo bisogno per vivere ed esprimere il nostro Scopo. Ma ci imbattiamo in un problema e rischiamo di essere sbalzati dal Cammino, se basiamo le nostre vite sul desiderio di possesso piuttosto che sui nostri veri valori - quelli intangibili che ci motivano ad aiutare gli altri ed a vivere secondo il nostro Scopo.

Inizia la settimana cercando di comprendere i valori autentici e profondi in cui credi. Cosa conta davvero per te e cosa vorresti avere di più nella vita? Di cosa c'è più bisogno per fare del mondo un posto migliore in cui vivere?

E poi chiediti: "Quali parti della mia vita sono definite dai miei valori e quali dal mio bisogno di avere più cose?" Come potrebbe cambiare la tua vita se usassi i tuoi valori come timone per mantenerti sulla rotta? Cosa potresti fare questa settimana per iniziare ad allineare la tua vita con i tuoi valori?

8. La mia vita è determinata dal mio Scopo piuttosto che da quello che gli altri si aspettano o pensano di me.

Man mano che procediamo sul Cammino, impareremo che gli obblighi e le aspettative degli altri ci influenzano pesantemente e ci mantengono arenati nel vivere senza uno Scopo.

Questo vale soprattutto nel caso in cui non ci sia chiaro chi siamo, perché siamo qui e cosa sia davvero importante per noi nella vita. Come dice il detto: "Se non sai come governare la tua nave, verrai trascinato via dalla corrente."

Non appena iniziamo ad analizzarci più da vicino, ci rendiamo conto che la nostra vita è stata parzialmente influenzata dalle aspettative di persone che a volte non ne fanno nemmeno più parte! Questo può includere genitori ormai scomparsi, l'ex marito o moglie, un precedente datore di lavoro o amici coi quali non siamo più in contatto da molto tempo.

Ho perso i miei genitori da tanto tempo ormai: mio padre è morto quando avevo sei anni e mia madre nel 1997. Nonostante voglia loro molto bene, mi rendo conto di non voler lasciare che le loro aspettative riguardo a me continuino a condizionare la mia vita. A dir la verità, non credo proprio che si aspettino nulla da me in questo momento!

Non appena ci rendiamo conto di aver lasciato il potere di decidere della nostra vita in mano ad altri, possiamo iniziare a riconsiderare la situazione: forse è giunto il momento di riprendercene indietro almeno una parte.

Quando hai acconsentito a lasciare il potere e le scelte concernenti la tua vita alle aspettative degli altri, vivi o morti che siano? Cosa potresti fare questa settimana per reclamare almeno una parte di quel potere?

9. Vivo pienamente e sono grato per la semplice abbondanza che mi circonda.

L'espressione *semplice abbondanza* racchiude un tale potere in sé! Ma possiamo davvero goderci fino in fondo la gioia che si può trovare in questa abbondanza che ci circonda? Non credo. E non credo che ci sia un limite in ciò, soprattutto perché molti di noi conoscono solo una minima parte di quello che sia realmente possibile. Poiché nella nostra società è così facile restare intrappolati nell'ossessione di fare e avere, ci perdiamo spesso la gioia di *essere*, semplicemente stando a contatto con la natura, noi stessi e coloro che amiamo.

Quando è stata l'ultima volta in cui ti sei preso il tempo di ascoltare gli uccelli cantare al mattino presto quando il sole si alza sull'orizzonte? O per osservare le foglioline verdi quando iniziano a spuntare sui rami in primavera? O per entrare nella cameretta dei tuoi figli in punta di piedi e guardarli dormire?

Mentre stavo scrivendo quest'ultimo paragrafo, ho alzato gli occhi per un momento. Fuori, tra gli alberi vicini alla mangiatoia per gli uccellini, ho visto un paio di cardinali del nord e un picchio testarossa volare da un ramo all'altro, raggiunti poco dopo da una cinciallegra. E per quel che riguarda la tua vita? Ti prendi il tempo di notare questa semplice abbondanza durante la tua giornata? In quali momenti potresti prenderti il tempo, anche solo dieci o quindici minuti, due o tre volte al giorno, per apprezzare tutto ciò?

10. La mia vita è priva di inutile confusione e complessità ed io mi sento raramente sopraffatto, di fretta o in preda al caos.

Se hai segnato un punteggio basso, sei tutto tranne che da solo! Migliaia di persone hanno completato il test online e questa è regolarmente l'affermazione che riceve il risultato più basso.

D'altra parte questo non mi sorprende, visto che la nostra società è ossessionata dal dover sempre essere in frenetica attività. Sentirsi sopraffatti, di fretta ed in preda al caos è la norma. In effetti, a volte esibiamo la nostra agenda piena di impegni come un simbolo di coraggio dicendo: "Oh, mi dispiace davvero, ma sono stra-impegnata nelle prossime tre settimane!". Eppure, non ci dispiace per nulla! Al contrario, siamo orgogliosi, siamo alle prese con qualcosa di grosso. Ma è veramente così? A volte sì, a volte no.

È possibile vivere con uno Scopo e non dovere sempre essere talmente impegnati da non aver tempo di risistemare il nostro disordine e semplificare le nostre vite sia per quel che riguarda l'*avere*, sia per il *fare*? Io dico che *è* possibile. Mantenere semplici le nostre vite potrà non essere sempre facile, ma sicuramente ne vale la pena.

Oggi ti esorto a prenderti qualche minuto per esplorare la tua vita: quanto è caotica? Come potresti semplificarla in maniera da poter creare più spazio per *essere*? Non guardare solamente al lato pratico delle cose, bensì anche ai tuoi pensieri: la tua mente è sovraffollata da delusione, risentimento, senso di colpa provenienti dal passato? Quanto spazio occupano questi pensieri sterili? E per quel che riguarda le tue attività quotidiane? Ti programmi del tempo per nutrire la tua anima, così come il tuo corpo e il tuo ego?

Cosa potresti fare questa settimana per liberarti pian piano dai vari tipi di disordine? C'è qualcosa che fai e che non supporta chi sei veramente? Pensi di poterlo eliminare ora? Sbarazzarsi del disordine e della complessità fine a se stessa ti donerà più spazio per scoprire chi sei veramente.

11. Esprimo regolarmente gratitudine per il dono generoso che è la mia vita.

La gratitudine: così semplice e potente, eppure troppo spesso dimenticata. Quanti di noi considerano il vecchio detto "Ringrazia il Signore" come antiquato?

Se non ti soffermi a pensare in maniera regolare all'abbondanza della tua vita, ti perdi una grande opportunità per aggiungere con delicatezza e grazia valore alla qualità della tua vita. E se non mi credi, prova questo semplice esperimento: per i prossimi trenta giorni, termina ogni giornata esprimendo la tua gratitudine. Puoi decidere di scrivere le dieci cose della giornata per le quasi sei più grato o semplicemente contarle prima di addormentarti. Se ti vengono in mente altre cose, soprattutto se si tratta di pensieri concernenti ciò che è andato male durante la giornata o preoccupazioni che riguardano l'indomani, fermati; respira profondamente e torna all'esercizio.

12. Mi rendo perfettamente conto di come le cose migliori della vita siano gratuite e la mia vita riflette questo pensiero.

Rendersi conto di ciò è un grande completamento dell'esercizio della gratitudine che ho appena consigliato. Nella nostra cultura materialistica è facile dimenticarsi che le cose migliori non costano nulla. Quanto possono valere un abbraccio sincero ed un bacio da un bambino? Sono senza prezzo e a disposizione. Hai forse un animale domestico? Quando è stata l'ultima volta che hai trascorso una serata a televisione spenta, spazzolando e massaggiando il tuo cane o il tuo gatto o rincorrendovi per casa?

Ovviamente, potrei andare avanti così ad oltranza, facendoti notare tutti i doni illimitati e senza prezzo che incontriamo ogni giorno. Prova a scrivere la tua lista: nel corso dei prossimi giorni, trova o crea quanti più doni gratuiti che puoi. E se vuoi giocare un turno extra, fai conoscere a chi ti circonda questo gioco, in particolar modo quelle persone che sembrano essere imprigionati in una mentalità di mancanza o scarsità.

13. Ho fiducia nel fatto che, vivendo secondo il mio Scopo di Vita, l'Universo provvederà a farmi avere tutto ciò di cui ho bisogno per esprimere il mio Scopo stesso.

Ed eccoci giunti all'essenza del vivere con uno Scopo: la *fiducia*! La fiducia in noi stessi, negli altri e, più di tutto, la fiducia in Dio. La fiducia è un grosso problema per molti di noi ma, come suggerisce questa affermazione, una fiducia profonda e costante è fondamentale per il nostro vivere il paradiso in terra. Nel momento in cui ci fidiamo, diventiamo capaci di attrarre tutte le risorse necessarie per vivere esprimendo il nostro vero Scopo nella vita. Ti sei mai chiesto perché a volte ci succede di ricevere una missione o una chiamata che inizialmente ci possono sembrare totalmente impossibili da affrontare? E se fosse perché Dio vuole far parte delle nostre vite assistendoci nel realizzare queste missioni impossibili?

In quale punto hai bloccato le immense risorse dell'Universo con i macigni della sfiducia? Come sarebbe la tua vita se davvero credessi e ti fidassi del fatto che non c'è alcun dubbio riguardo alla volontà di Dio nel supportarti completamente mentre vivi il tuo Scopo di Vita? Quali passettini potresti fare per sviluppare maggiore fiducia e fede? Ricordati il granello di senapa di cui parla la Bibbia: "E Gesù rispose: Per la vostra poca fede. In verità vi dico: se avrete fede pari a un granellino di senapa, potrete dire a questo monte: spostati da qui a là, ed esso si sposterà, e niente vi sarà impossibile". *(Mt 17:20)*

14. Dedico regolarmente del tempo a me stesso in attività che nutrono la mia anima.

Nutri la tua anima con una dieta bilanciata o stai cercando di alimentarla con cibo di bassa qualità? Il cosiddetto cibo spazzatura ci fa così male perché non è nutrizionalmente bilanciato: la maggior parte ha troppo zucchero ed altri amidi e non abbastanza proteine, vitamine e minerali.

Vivendo una vita sbilanciata, è come se molte persone nutrissero la propria anima con cibo spazzatura: esse lottano per raggiungere un certo livello sociale e accumulano cose, mentre trascurano gli ingredienti essenziali per essere e vivere con pienezza. Se mangiamo solo cibo spazzatura, non importa quanto ne introdurremo nel nostro corpo: non saremo mai veramente nutriti e soddisfatti, perché mancheranno sempre alcuni ingredienti fondamentali. Allo stesso modo, non importa quanto più farai o ti sforzerai di ottenere, perché la tua anima non sarà comunque davvero mai nutrita.

C'è però una buona notizia: così come i nostri corpi sanno di cosa hanno davvero bisogno per restare sani, anche le nostre anime lo sanno. Dobbiamo solo prenderci il tempo per ascoltarle: prova a farlo nei prossimi giorni e vedi cosa scoprirai. Programmati un paio di minuti ogni mattina per contattare la tua anima e chiedile cosa le serve per sentirsi nutrita e curata, poi procurale ciò di cui ha bisogno. Chi lo sa, potresti abituarti a nutrire la tua anima con una vita sana e fortificante.

15. Ho un sacco di tempo da dedicare alla mia famiglia, agli amici ed alla mia comunità.

Quando le persone giunte alla fine della loro vita vengono intervistate, alla domanda "Cosa avreste voluto avere in maggior quantità nella vostra vita?", nessuno risponde mai che avrebbero voluto passare più tempo al lavoro. Invece, molti rispondono che avrebbero voluto trascorrere più tempo con le loro famiglie, gli amici ed i loro cari.

Cosa dice questo, a noi che abbiamo ancora tempo su questa Terra? Questa è una domanda difficile per me perché io amo il mio lavoro: amo essere un coach e amo dirigere il Life on Purpose Institute. Sarebbe facile lasciare che il mio lavoro consumasse la mia vita e mi chiedo cosa mi perderei se fosse così. Da un certo punto di vista sono fortunato: mia moglie Ann lavora a stretto contatto con me al Life on Purpose Institute e di conseguenza finiamo per trascorrere insieme più tempo che se lavorasse da qualche altra parte. Ad ogni modo, la vita va avanti là fuori, nonostante il più significativo dei lavori.

Quando mia figlia Amber compì tredici anni, io ed Ann iniziammo a preoccuparci del fatto che sarebbe cresciuta prima che ce ne rendessimo conto. Lavorando da casa, vedo mia figlia molto più di altri genitori; tuttavia, potrei comunque perdermi molto se non creassi intenzionalmente delle opportunità per passare tempo con lei.

Amber riceve la sua istruzione a casa, dove ama molto stare e può studiare meglio, essendo in un ambiente più informale. Ciò nonostante, mi chiedo come farò a mantenere la mia attività di coach e direttore del Life on Purpose Institute, volendo essere parte attiva dell'istruzione di mia figlia. In realtà, dentro di me so benissimo che questa è la cosa giusta per entrambi. Sarà un'ottima cosa per me come coach e direttore del Life on Purpose Institute, perché essere uno dei suoi insegnanti significa integrità per me. Inoltre, mi motiverà a delegare e dare più responsabilità alle persone intorno a me, in modo da permettere loro di svolgere parte del lavoro che non ho voluto delegare in precedenza.

Vedi, non voglio arrivare alla fine dei miei giorni e rimpiangere di non aver trascorso abbastanza tempo con i miei cari. Ho la ferma intenzione di vivere senza rimpianti. Non so esattamente come me la caverò, ma so che la fiducia è la chiave. So di potermi fidare di Dio nel mostrarmi come essere un valido coach, un efficace direttore ed un marito, genitore ed insegnante affettuoso e proattivo.

E tu cosa ne pensi? Come sarebbe una vita senza rimpianti per te?

16. Ho una vita spirituale ricca e soddisfacente.

Molti di noi sono cresciuti in una società che dichiarava che, per avere una ricca vita spirituale, bisognava andare a messa ogni domenica. Se questo però nutrisse o meno il nostro spirito, non pareva rilevante. Questo ci permetteva di prenderci una pausa dal pensare a Dio o al nostro spirito per il resto della settimana.

Ho la netta sensazione che gli Stati Uniti ed il resto del mondo siano nel mezzo di un risveglio spirituale. Molti di noi, che prima si trovavano a sostenere le proprie convinzioni spirituali in maniera prettamente privata, oggi si sentono liberi di esprimere anche pubblicamente le proprie idee concernenti un potere superiore e la propria natura spirituale in maniera riccamente variata.

Poiché vivere con uno Scopo significa vivere la vita in maniera gratificante ed appagante, diventa naturale includere il nostro lato spirituale. Come farlo è davvero una scelta individuale, almeno finché non si arriva a violare la libertà di chi ci circonda. Se durante il test ti sei reso conto di quanto la tua natura spirituale sia bisognosa di attenzioni amorevoli, cerca di prestarle attenzione. Potresti voler iniziare tornando a qualsiasi religione o credo spirituale in cui tu sia cresciuto. O potresti voler ricominciare da zero, esplorando nuovi sentieri fino a trovare quello che si adatta perfettamente alla tua anima. La cosa importante è comunque stare attenti ai segnali che il tuo spirito ti sta inviando, in quanto desideroso di essere risvegliato.

17. Mi sono preso il tempo per analizzare ciò in cui credo ed accertarmi che sia di mia scelta, piuttosto che ciò che gli altri pensano dovrei credere.

Ecco perché scegliere i nostri valori è così importante: ciò in cui crediamo è ciò che determina la nostra realtà. Se credi nella scarsità e nella mancanza, vivrai in un mondo in cui non c'è mai abbastanza denaro, tempo o buone relazioni per tutti. Niente, te incluso, sarà mai abbastanza.

Molte persone non si sono davvero prese il tempo per fare il lavoro interiore necessario per identificare ciò in cui credono veramente. Senza questo lavoro, sei solo il prodotto delle idee che ti sono state instillate molto tempo addietro. Ed anche quando scegli i tuoi valori in maniera consapevole, è necessaria una sorta di lavoro di mantenimento, per assicurarti che quei valori siano ancora veramente adeguati. In caso contrario, prima che tu lo sappia, qualche idea obsoleta penetrerà nel tuo subconscio e inizierà a creare una percezione della realtà che non valorizza la tua vita.

Ti suggerisco di farla diventare una pratica frequente: ogni settimana, identifica almeno un'idea che non ti supporta nel vivere la tua vita secondo il tuo Scopo. Poi, fai il lavoro necessario per sradicarla dalla tua coscienza e scegline una nuova che ne prenda il posto. In un certo senso, è così che funziona il processo Life on Purpose: assistendoti nell'identificare le vecchie idee vampiresche basate sulla paura e permettendoti di sceglierne di nuove, in maniera da migliorare la tua vita con valori basati sull'amore. E così facendo, trasformi la tua vita in una Vita con uno Scopo.

18. Ho istituito la mia casa come un santuario per l'anima.

Ciò che ci circonda riflette spesso come ci sentiamo dentro e viceversa. Quindi, se vuoi che l'ambiente che ti circonda sia di supporto al tuo impegno a vivere la tua vita con uno Scopo, fai ciò che è necessario affinché rifletta il tuo Scopo di Vita. Se accetti che il tuo Scopo sia la ragione per la quale il tuo spirito si trova sulla Terra, allora vorrai che la tua casa e ciò che ti circonda diventino un santuario per l'anima.

Ovviamente, per ognuno è diverso. Ad esempio, non è per caso che io vivo sulle montagne Blue Ridge nella Carolina del Nord: ho scelto di abitare qui perché questo luogo mi supporta nel condurre una vita semplice al servizio degli altri e a creare la mia serenità spirituale. Io e mia moglie ci siamo presi un anno e mezzo per rispondere alla domanda: Se potessimo vivere ovunque volessimo, dove vivremmo? Ci siamo divertiti ad esplorare diversi luoghi, ma alla fine tornavamo sempre qui. Sono sempre stato attratto dalle montagne ed anche mia moglie. Volevamo abitare vicino alla famiglia di Ann così nostra figlia sarebbe potuta crescere conoscendo la sua nonna e la bisnonna. Il posto che abbiamo scelto è proprio nel cuore delle montagne ed a soli quaranta minuti dalla sua famiglia.

Dopo aver scelto dove desideri vivere, assicurati che ciò che ti circonda da vicino nutra il tuo spirito. Qualche anno fa ho trascorso buona parte dell'estate costruendo nel nostro cortile un laghetto intorno al quale meditare. Mi divertii moltissimo nel realizzarlo ed ora abbiamo un angolo silenzioso e spirituale dove poter riposare e meditare. In effetti, la maggior parte di questo libro è stata scritta stando seduto intorno al laghetto, con in sottofondo il rumore dell'acqua che cade sulle rocce della cascata.

Cosa potresti fare questa settimana per trasformare l'ambiente in cui vivi in un santuario per l'anima? Eliminare il disordine e le cose inutili libera dello spazio ed è un buon punto di partenza.

19. Sento un profondo senso di sicurezza e ho raramente paura di non avere "abbastanza" di qualcosa.

Questo è un punto davvero difficile per tanti. Uno degli effetti collaterali del vivere in una società materialistica è che molti di noi si sentono spesso svantaggiati se non riescono ad avere tutte le cose per le quali i pubblicitari spendono milioni, cercando di convincerci di non poterne fare a meno. Questo può generare un senso di mancanza o inadeguatezza, il quale si basa sulla paura.

Quando vivi secondo il tuo Scopo, inizi a cambiare radicalmente il modo in cui percepisci la vita. Non è che tu non abbia più desideri: ovviamente, continui ad averli. Tuttavia, sei più consapevole di quali siano i tuoi veri desideri, rispetto a quello che gli altri pensano che dovresti volere o avere a tutti i costi. Diventa importante capire la differenza: la parola desiderio viene dal latino *desidarare* che significa *dal padre* o *dalle stelle*. Ciò significa che i veri desideri sono doni provenienti da Dio, i quali sono coerenti con il vivere con uno Scopo. È quindi possibile desiderare qualcosa, senza tuttavia essere attaccato al senso di possesso e necessità. Nonostante le tue necessità possano spesso farti andare fuori strada, i tuoi desideri possono guidarti lungo il Cammino.

20. Mi premuro con regolarità di aiutare gli altri sul loro cammino per vivere con uno Scopo nella vita.

In un certo senso, ci troviamo tutti sul Cammino. Alcuni camminano nel sonno, altri sono in procinto di risvegliarsi a tutto ciò che è possibile ed altri ancora possono essere piuttosto avanti sul Cammino. In qualunque punto del viaggio tu sia, puoi aiutare e favorire gli altri. Fermarti per dare una mano a qualcuno non rallenterà il tuo cammino, al contrario! Questo è uno dei tanti paradossi riguardanti l'avere uno Scopo che incontrerai lungo il Cammino.

Chi potresti aiutare questa settimana? Porgi la tua mano in segno di aiuto e vedi cosa succede.

ESERCIZIO: RUOTA DELLA VITA

Questo è un esercizio divertente e rivelatore, quindi prenditi il tempo necessario per svolgerlo. Mentre continui ad esplorare cosa determina la tua vita, questo esercizio ti aiuterà ad avere una rappresentazione grafica di com'è la tua vita in quel momento.

Passo n. 1

Fai una lista delle componenti più importanti della tua vita, in modo da includere tutte le parti e poterla rappresentare in maniera completa. Ci saranno probabilmente dai cinque ai dieci settori. Ad esempio, la tua lista potrebbe includere: lavoro, famiglia, divertimento, comunità, spiritualità etc. Scegli i settori ed i termini che hanno più senso per te.

Settore	Quanto funziona	Quanto ti soddisfa	Media

Passo n. 2

Su una scala da uno a dieci (1=insoddisfacente e 10=fantastico), valuta dove ti trovi in questo momento in ognuna delle aree della tua vita. Considera ognuno dei due seguenti punti di vista:

A che livello sta funzionando la tua vita in quell'area;

A che livello ti senti soddisfatto e realizzato in quell'area.

Ad esempio, la tua carriera potrebbe funzionare piuttosto bene: fai quello che devi fare, il tuo datore di lavoro è contento... eppure tu non ti senti soddisfatto né realizzato. Quindi, potrebbe funzionare ad un livello otto, ma il livello di soddisfazione potrebbe essere un quattro. La tua valutazione finale sarebbe dunque un sei (8+4=12÷2=6).

Passo n. 3

Una volta che hai completato la lista, usa la ruota di seguito per creare una rappresentazione grafica della tua vita. Per ogni settore, disegna una linea dal centro della ruota fino al bordo esterno; poi scrivi il nome del settore che quella linea rappresenta nel punto in cui essa incontra il bordo esterno.

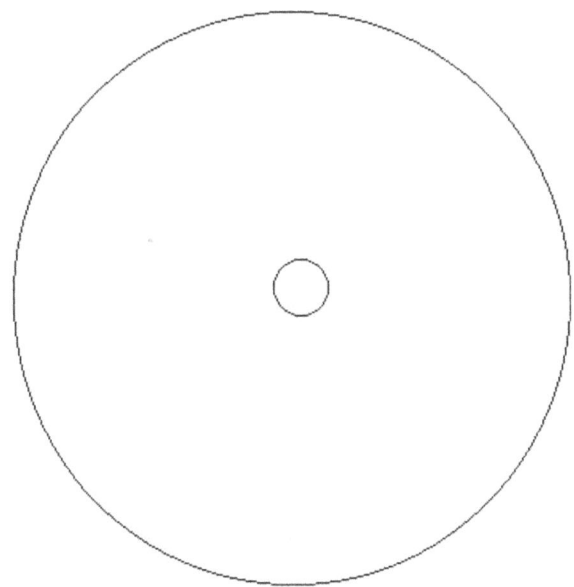

Passo n. 4

Scrivi i numeri provenienti dalla colonna della media dei punteggi nella tua tabella sui raggi del cerchio che rappresentano l'area corrispondente, tenendo conto che lo zero è posto nel centro e il valore dieci sul bordo.

Passo n. 5

Una volta che hai finito, gioca a "collegare i puntini", in questo caso i numeri. Disegna una linea per connettere tutti i numeri all'interno del cerchio, finché non avrai ottenuto un altro cerchio o ruota interna.

Osserva la tua ruota: è bilanciata? Come sarebbe guidare la tua macchina con una ruota così? Cosa ti rivela questa nuova ruota interna della tua vita?

La tua ruota della vita ha forse l'aspetto di una ruota di scorta? È più piccola delle altre ruote con le quali è equipaggiata la tua auto, non è vero? Anche se ti può permettere di arrivare fino ad una stazione di servizio, non vorresti mai intraprendere un lungo viaggio con una ruota di scorta.

Succede spesso di renderci conto che le nostre ruote della vita sono simili. Non che la nostra vita non sia bilanciata, ma è solo molto più contenuta di quanto dovrebbe o *potrebbe* essere. Una mia cliente mi riferì che la sua ruota era piuttosto bilanciata; tuttavia, la maggior parte dei punteggi era tra il quattro ed il cinque. Nonostante questa rivelazione l'avesse messa un po' a disagio all'inizio, lei fu in grado di usarla a suo vantaggio impegnandosi nel portare maggiore linfa nella sua vita.

Ricordati: la tua vita non è una prova generale, né dovrebbe avere la misura di una ruota di scorta. Può essere tanto piena ed appagante, quanto tu lo voglia. La cosa interessante a riguardo è che, come continueremo ad imparare, portare linfa alla tua vita non significa necessariamente che tu debba aggiungere qualcosa. In molti casi, è vero proprio il contrario.

> *Molte persone non si rendono conto del fatto che il modo in cui si sentono verso gli altri viene determinato da come si sentono nei loro stessi confronti.*
> Sydney J. Harris

STABILIRE LA TUA DESTINAZIONE

L'altra parte importante della preparazione per un viaggio è decidere la propria destinazione. Questa, nel caso del nostro viaggio sul Cammino del Significato, ci porterà ad ottenere un quadro il più chiaro possibile di come sarà la tua vita con uno Scopo. Parleremo ora dei dieci maggiori benefici che i precedenti viaggiatori lungo il Cammino hanno riportato di aver ottenuto. Con queste informazioni, inizierai a creare la visione di quella che sarà la tua Vita con uno Scopo.

I dieci maggiori benefici che derivano dal conoscere e vivere secondo il tuo Scopo

Mentre leggi i dieci maggiori benefici, scegli i tre o quattro che ti sembrano essere i più importanti da includere nella tua Vita con uno Scopo. Alla fine di questa lista ci sarà un compito importante da svolgere.

Beneficio #1-Concentrazione

Nel momento in cui conosci il tuo Scopo di Vita con chiarezza, esso diventa un meccanismo di bilanciamento che ti permette di focalizzarti più chiaramente su ciò che davvero conta per te. Molti affermano che questo sia uno dei benefici più preziosi ottenuti durante il processo Life on Purpose: infatti, una volta trovata la concentrazione, è possibile iniziare ad usare il proprio Scopo per prendere decisioni riguardanti dove e come investire il proprio tempo e denaro, la propria energia ed i propri talenti.

Spesso, una vita non ben definita e dispersiva è una vita senza uno Scopo, proprio come una barca senza timone: quando non conosci il tuo vero Scopo nella vita, tendi ad e,ssere sballottato di qua e di là dalle correnti delle circostanze.

Beneficio #2-Passione

Per molte persone, chiarire il loro Scopo di Vita diventa la chiave per liberare la loro passione per la vita e quest'ultima diventa il carburante che le fa andare avanti. Queste persone si comportano in maniera fuori dall'ordinario, superando cose che non si sarebbero nemmeno potute immaginare prima di entrare in contatto con il loro Scopo. Per leggere alcune delle illuminanti storie dall'archivio Project Purpose, vai sul sito del Life on Purpose Institute www.lifeonpurpose.com/projectpose

Una vita senza Scopo è spesso priva di autentica passione. L'esperienza può essere come quella nel film *Pleasantville*: all'inizio del film, tutti gli abitanti di Pleasantville vivono una vita monotona in bianco e nero; con il tempo, però, iniziano a scavare nelle loro passioni ed imparano che la vita può essere un'esperienza meravigliosa, a colori, e ricca di momenti appassionanti.

Beneficio#3-Diventare inarrestabile

Più a lungo viviamo secondo il nostro Scopo e più saremo in grado di determinare le nostre vite, diventando inarrestabili. Nonostante ciò chi vive secondo il proprio Scopo non è attaccato alla propria posizione, egli ha infatti imparato che non è necessario attraversare la vita come farebbe un toro, caricando tutto e tutti quelli che si trovano sulla sua strada. Al contrario, chi vive secondo il proprio Scopo ha scoperto che essere pazienti, perseveranti ed accettare lo schema di un potere superiore, può davvero fare la differenza.

Coloro i quali non hanno chiaro il proprio Scopo si ritrovano spesso ad essere immobili e sentirsi bloccati nella vita. Poiché non si sono ancora addentrati nelle loro passioni, sono come una macchina di grossa cilindrata, ma senza carburante nel serbatoio.

Beneficio #4–Realizzazione

Vivere una vita esprimendo regolarmente il tuo Scopo di Vita permettendogli di determinare le tue decisioni, i tuoi pensieri, sentimenti ed azioni, ti farà sentire genuinamente più soddisfatto. Una Vita con uno Scopo è colma di significato e, chiunque viva secondo essa, si rende conto di quanto stia facendo la differenza, semplicemente per il fatto di esistere. Qualsiasi cosa si decida poi di fare per esprimere il proprio Scopo, diventa solo la ciliegina sulla torta.

Anche le persone che non vivono secondo il loro Scopo hanno una vita colma di significato. Purtroppo però, il significato che scelgono di vedere deriva dalla paura e questo li mantiene nella costante sensazione di dover sempre lottare e soffrire. Può essere d'aiuto ricordarci che, nonostante il dolore sia a volte inevitabile, soffrire è facoltativo. Conoscere il tuo Scopo è la chiave per attuare questa grande trasformazione.

Beneficio #5–Una vita basata sui valori

Man mano che scaverai più in profondità nel processo Life on Purpose, imparerai che i tuoi valori di base (quei beni intangibili che sono così importanti) sono una componente fondamentale del tuo Scopo. I valori di base sono le fondamenta di tutti quei valori che ci hanno insegnato a rispettare.

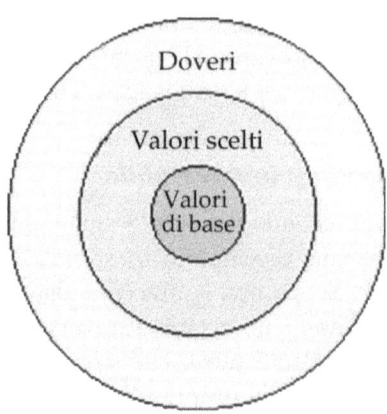

Immaginati tre cerchi concentrici: quello esterno rappresenta i nostri doveri e quello centrale i valori che ci siamo scelti, o meglio, i doveri che abbiamo scelto di far diventare nostri valori; il cerchio più interno rappresenta i nostri valori di base, ossia i veri valori che per noi significano di più nella vita.

Poiché questi sono una parte integrante dello Scopo della tua vita, nel momento in cui vivi la tua vita secondo il tuo Scopo, vivi fondando ogni tuo giorno su dei valori, piuttosto che sulle apparenze.

Chi vive senza uno Scopo si focalizza di solito sui suoi doveri e fa di tutto per essere "all'altezza" di chi ha intorno (vicini, colleghi, parenti...). Se basiamo la nostra vita sulle apparenze, ossia su come *dovrebbe* essere la nostra vita, rimaniamo ad un livello superficiale. Questo è ciò che ci è stato insegnato essere il modo *giusto* di vivere; così facendo, tuttavia, ci concentriamo su ciò che possediamo e su cosa ci si aspetta da noi, non su ciò che ci dà veramente gioia.

Beneficio #6–Divertimento

Diciamo la verità: vivere con uno Scopo è di gran lunga più divertente che vivere seguendo i nostri obblighi e le nostre paure. Chi conosce e vive secondo il proprio Scopo di Vita riscopre una nuova gioia di vivere: sa divertirsi in piena coscienza del suo Scopo quasi in ogni occasione e sa trovare ogni giorno il modo per viverlo con gioia.

Di recente, mi sono preso un po' di tempo libero dalla normale routine lavorativa e sono andato a vedere il film *La Leggenda di Bagger Vance*. Mi sono divertito a "marinare" il lavoro e a guardare il film e ad un certo punto mi sono reso conto che una scena in particolare mi aveva colpito. Non appena l'ho sentita, ho capito che quella era la lezione principale che avrei imparato quel giorno.

Nel film, il portamazze Bagger Vance dice: "Dicono che Dio sia più felice quando i suoi figli giocano". Per non dimenticarmene, tengo sempre quella frase sulla mia lampada da tavolo. Ogni volta che sento il mio lavoro diventare noioso o pesante, mi rendo conto che, in quel preciso momento, sono passato dall'esprimere il mio Scopo di Vita ad esprimere qualcos'altro. Di solito, si tratta di qualche senso del dovere che proviene dal passato.

Le persone che vivono senza uno Scopo sono convinte del fatto che non ci possa essere effettivo guadagno senza sacrificio. Ma non dev'essere per forza così! Certo, ci sono dei momenti in cui devi applicarti con maggiore diligenza, ma questo non significa che tu debba soffrire mentre lo fai.

Sollevare pesi tre volte a settimana è parte delle mie abitudini per mantenermi sano e in forma. Un obiettivo parziale del sollevare pesi sempre maggiori sta nell'affaticare i muscoli in modo da farli crescere e diventare più forti. Questo non significa però che io debba soffrire mentre mi esercito: ho sempre la scelta di sudare con piacere o di sudare lamentandomi di quanto sia duro e ingiusto essere bloccato nella mia palestra. Io scelgo di portare gioia e divertimento nella mia vita e tu puoi fare lo stesso.

Beneficio #7–Integrità

Per me vivere con uno Scopo significa condurre una vita di estrema integrità, una vita che sia intera e completa. Chi conosce il proprio Scopo e vive secondo esso sa chi è e perché è qui, vive fedele ai propri valori di base mentre aiuta se stesso e gli altri nell'espressione del proprio Scopo di Vita.

Chi non ha ancora trovato il proprio Scopo di Vita, non ha semplicemente ancora trovato se stesso. Non c'è nulla di sbagliato in ciò, solo qualcosa che manca ed io ho creato il processo Life on Purpose per fornire alle persone i mezzi per apportare questo fondamentale ingrediente mancante nelle loro vite.

Beneficio #8–Fiducia e fede

Iniziando a vivere secondo il loro Scopo di Vita, molti riportano un sorprendente aumento delle "coincidenze" e della serendipità nelle loro vite. In qualche modo, è come se l'Universo li stesse ricompensando per il coraggio di vivere secondo il loro Scopo. Molte persone fanno esperienza di una crescente fiducia e fede: si rendono conto del fatto che ci sia davvero una forza più grande nell'Universo e, allo stesso tempo, capiscono di esserne una parte integrante.

Le persone che non conoscono il proprio Scopo faticano spesso a credere a ciò che non possono vedere e toccare. Poiché vivono secondo le loro paure, la fiducia non sembra loro essere una buona idea ed hanno spesso numerose prove a riguardo, se ripensano a tutte le volte che si sono fidati e sono stati feriti. Per questo motivo ci vuole vero coraggio per vivere secondo il tuo Scopo.

Non dirò mai nel corso del libro che una Vita con uno Scopo è senza rischi. Ma sosterrò sempre, vista la mia esperienza e quella di migliaia di persone che ho conosciuto e che stanno vivendo secondo il loro Scopo, che ne vale davvero la pena.

Beneficio #9–Grazia

Secondo il dizionario, la grazia è "l'immeritata assistenza che Dio concede all'uomo". Le persone che vivono secondo il loro Scopo dicono spesso di vivere una vita piena di grazia. Nel momento in cui decidi di vivere secondo il tuo Scopo, succede qualcosa di meraviglioso: l'Universo si allinea con i tuoi intenti ed il tuo impegno. Forse lo spiega meglio W. H. Murray:

Prima di impegnarsi a fondo, c'è l'esitazione, esiste la possibilità di farsi indietro e ad ogni modo sempre tutto resta inefficace. Esiste una sola verità riguardo ogni iniziativa e atto creativo, la cui ignoranza uccide innumerevoli idee e splendidi piani: nel momento in cui ci impegniamo solennemente con noi stessi, allora anche la provvidenza si muove.

Succedono cose di ogni tipo per aiutare quella singola persona che si è impegnata, cose che non sarebbero successe altrimenti. Illimitata assistenza ed un susseguirsi di eventi derivano da quella decisione di quel singolo essere umano che fatto la sua scelta, in un modo in cui nessuno avrebbe mai sognato di poter ricevere. Ho imparato a rispettare profondamente un distico di Goethe:

Qualunque cosa tu possa fare, o sognare di fare, incominciala.

L'audacia ha in sé genio, potere e magia.

Beneficio #10–Come un fiume che scorre

Tutti i precedenti nove benefici possono essere sintetizzati in quest'ultimo: chi vive secondo il proprio Scopo, vive seguendo il flusso di coscienza dell'Universo e, invece di combattere contro la corrente, lascia che succeda quel che vuol succedere. Chi vive il proprio Scopo lascia scorrere ciò che vuole scorrere e sa che, anche se probabilmente non capirà né comprenderà mai completamente il disegno divino ed il piano di Dio per l'Universo, può tuttavia giocare un ruolo importante nella sua realizzazione.

Se hai la sensazione di non scorrere in armonia con la vita, significa che stai lottando per opporti al flusso dell'Universo. Anni fa, quando frequentavo l'Università della Georgia e studiavo medicina veterinaria, io ed alcuni altri studenti iniziammo a fare rafting. Il professor Dawe, un insegnante valido e saggio che pure amava il rafting, ci prese sotto la sua ala, in modo da non farci annegare prima di laurearci.

La sua prima regola di sicurezza fu veramente semplice: se cadete in acqua nelle vicinanze delle rapide, assicuratevi di tenere i piedi in avanti e la testa sopra il pelo dell'acqua; poi rilassatevi e godetevi la discesa.

E se affrontassimo la vita in questo modo? E se, invece di opporre resistenza, ci rilassassimo e ci godessimo la discesa lungo le rapide della corrente universale?

Questo è uno dei motivi per i quali uno dei principi operativi chiave del Life on Purpose Institute è "lasciati andare al flusso della vita e agisci secondo quello che funziona", piuttosto che rimanere intrappolato in ciò che potrebbe non scorrere a dovere.

Chiamata all'Azione – Prima parte

Scegli dai tre ai quattro tra i benefici elencati in modo da selezionare quelli che senti più vicini al tuo modo di essere e, comunque, quelli dei quali vorresti godere maggiormente.

Prenditi poi un attimo di tempo per penetrare nel tuo futuro, quello in cui starai godendo di questi benefici. La chiameremo la tua "realtà visionaria o ideale". Scrivi una descrizione di com'è questa tua nuova vita nella visione: cosa vedi, senti e provi? Descrivi con profusione ogni dettaglio che i tuoi sensi percepiscono e scrivi usando il presente indicativo.

Ad esempio, se il sentirti più realizzato nella tua vita fosse uno dei benefici più importanti, potresti scrivere: "Nella mia realtà utopica, sono felicemente realizzato nel mio lavoro perché so di dare un fantastico contributo al mio prossimo, mentre vengo pagato giustamente per le mie prestazioni." Assicurati di focalizzarti su ciò che è positivo e coerente con i benefici che hai scelto. In altre parole, meglio non scrivere: "Non sono più bloccato nel lavoro senza sbocchi che ho al momento".

Non preoccuparti troppo del fatto se un tale futuro sia effettivamente possibile per te.

Dovresti invece trovare un equilibrio per la tua visione, in maniera da non essere solo un castello in aria. A questo punto non c'è alcun bisogno di preoccuparti di come sarà il tuo futuro. Concediti semplicemente di sognare. Con questo primo esercizio seminerai in vista di un ben più ricco raccolto che mieterai presto.

LO STRAORDINARIO POTERE CREATIVO DELLA VISIONE

Come ho sottolineato in precedenza, avere una visione di ciò che desideriamo è una parte integrante della nostra vita vissuta con uno Scopo. Senza una visione, infatti, moriremmo di una morte lenta.

Ma cosa significa avere una visione? Lavorando come coach con migliaia di persone, ho scoperto che proprio l'avere una visione è un elemento costitutivo del nostro Scopo di Vita.

Si tratta di ciò che vediamo come possibile e realizzabile non solo per noi stessi, bensì anche per le nostre famiglie, comunità e, in verità, anche per il mondo. Senza una visione ci estinguiamo.

Ho scoperto che aiutare le persone a risvegliare il loro senso di ciò che è possibile è un elemento chiave nella preparazione al viaggio lungo il Cammino. Infatti, più ci addentriamo nel regno del possibile e più ispirati saremo a iniziare a fare ciò che è necessario per trasformare la possibilità in realtà.

Attraverso il processo di coaching creerai una visione chiara del tuo futuro, con tutto ciò che riguarda questa nuova realtà: il suo aspetto, le sensazioni, quello che farai e, soprattutto, quello che non farai più perché non più coerente con chi avrai deciso di essere. Sii in grado di assaporare, ascoltare e sentire pienamente come tuo questo nuovo futuro.

Dalla prospettiva di questa nuova realtà guarderai indietro verso il presente e scoprirai il divario tra dove ti trovi attualmente e dove sei *destinato* ad essere. Ma non ti preoccupare, perché questo divario non sarà causa di sconforto.

Normalmente siamo abituati a considerare la nostra vita come passato e presente, mentre ci proiettiamo nel futuro. Invece, attraverso la visualizzazione della tua futura realtà, tutto questo verrà ribaltato: ti troverai nel futuro, nella realtà ideale che avrai creato e guarderai *indietro* verso il presente. Guardare indietro dal futuro è profondamente diverso, in quanto vedrai che è possibile colmare il divario, cosa che avrai già fatto!

Questa consapevolezza porta ad un radicale cambiamento ed a volte perfino ad uno stravolgimento della propria vita. Di seguito puoi trovare un esempio per illustrare il punto.

La vista dal monte Everest

Immagina di essere comodamente seduto nel tuo salotto mentre sfogli una copia del *National Geographic*, quando i tuoi occhi si posano su un'immagine del monte Everest.

Da sempre desideri scalare quella montagna ma, in qualche modo, quel sogno è stato messo nel cassetto. Proprio ora, mentre ne osservi la vetta maestosa, ti passa per la mente questo pensiero: "Wow! Non sarebbe meraviglioso essere in cima alla montagna più alta del mondo?" E, mentre leggi l'articolo, inizi ad immaginare come sarebbe scalarla.

Cosa potrebbe succedere in questo processo? Se sei come il resto degli esseri umani, probabilmente ridimensionerai il tuo sogno, concentrandoti su tutti quei motivi per i quali "non può" essere realizzato: innanzitutto, non sei abbastanza forte (fumi tre pacchetti di sigarette al giorno e salire una rampa di scale è già una fatica). Per di più, la tua famiglia non ti supporterebbe mai nel realizzare il tuo sogno. E, a dirla tutta, non avrai mai abbastanza ferie per una simile impresa.

Nel concentrarti sulle ragioni per le quali non potrai mai realizzare questo sogno, inizierai ad attrarre sempre più energie negative, che ti porteranno probabilmente a gettare la rivista sul tavolo accanto a te, accendere il televisore e fumare un'altra sigaretta mentre ti dirigi verso la cucina per prendere un'altra birra. *Puff!* E' così che scompare il tuo sogno di scalare il monte Everest!.

Sposta l'inquadratura verso la tua realtà ideale

Questa volta immagina invece di essere sulla vetta del monte Everest. Giusto qualche istante fa hai fatto gli ultimi passi che ti hanno condotto fino in cima alla montagna ed alla tua vita. Sollevi le braccia verso il cielo mentre contempli lo scenario più maestoso che tu abbia mai visto: la sensazione di soddisfazione, appagamento e conquista è incontenibile ed è talmente forte che lacrime di gioia affiorano nei tuoi occhi, le tue gambe cedono e tu cadi in ginocchio in un'umile preghiera di gratitudine per il potere che ha reso tutto ciò possibile. Mentre sei in ginocchio e rendi grazie, ti prendi un attimo per ripensare a quando fu piantato il seme del tuo sogno, a quella sera nel tuo appartamento, quando stavi sfogliano il *National Geographic*. Questa volta, però, stai guardando indietro verso quel momento dalla cima dell'Everest dopo aver già raggiunto il tuo obiettivo.

Inizi a capire quanto sarebbe diversa la tua prospettiva? Saresti in grado di vedere molti degli ostacoli e sbarramenti che hai affrontato e sapresti che li hai superati tutti con successo. Ora immagina di fare la stessa cosa per ottenere una visione del tuo futuro come riflesso fedele del tuo Scopo di Vita. Quanto potente sarebbe questo esercizio? Che effetto potrebbe avere sulla tua vita? Quale contributo apporterebbe al mondo? Questo è quello che abbiamo a disposizione quando usiamo il potere della visualizzazione, per determinare le nostre vite in modo da fare la differenza anche per gli altri.

Qual è la tua visione per il mondo? Hai già pensato di lasciarti andare e dedicare la tua vita alla sua realizzazione? E, se non l'hai ancora fatto, quali sono gli ostacoli e gli sbarramenti che te lo impediscono? Cosa potrebbe permetterti di portare la tua visione a nuove vette? Quali risorse hai bisogno di attrarre per supportare la tua visione? E soprattutto: cosa stai aspettando?

Creare il divario

Come ho già detto, nello stabilire dove ti trovi in questo momento e dove desideri invece essere nella tua vita, hai già probabilmente creato un divario considerevole. Congratulazioni! È proprio questo il punto principale della preparazione consapevole per questo grande viaggio: il Cammino del Significato si snoda in mezzo a questi due punti. Tuttavia, non lasciarti scoraggiare, perché ci saranno due elementi che ti aiuteranno durante il viaggio:

- Una mappa, ossia il processo Life on Purpose descritto in questo libro e
- Una guida esperta, ossia un coach Life on Purpose

Diamo ora un'occhiata da vicino alla seconda parte.

Chiamata all'Azione - Seconda Parte

È quindi giunto il momento di creare la visione della tua vita ideale vissuta secondo il tuo Scopo. Questo è un documento vivo e dinamico col quale potrai continuare a giocare anche quando avrai effettivamente iniziato a disegnare il tuo nuovo futuro. Detto con altre parole, non è scolpito nella roccia: puoi aggiungere delle cose, cancellarle e farvi

riferimento continuamente. Per scriverlo, torna ai seguenti elementi:
- Il tuo test: nota in particolare le affermazioni alle quali hai dato un punteggio basso come suggerimento per ciò che vuoi portare nella tua nuova realtà.
- La tua Ruota della Vita: anche stavolta, concentrati sulle aree della tua vita che hanno ricevuto un punteggio sotto al cinque. Come sarebbero se avessero invece un punteggio pari a otto o superiore?
- I tuoi tre o quattro benefici che hai scelto: usali come punto di partenza per la tua visione.

Nel descriverla, ricordati di:
- Scrivere usando il presente indicativo, come se fossi nel futuro e stessi descrivendo quello che vedi e provi;
- Renderla multi sensoriale e ricca di dettagli: ad esempio, che odori e sapori senti in questo nuovo futuro?
- Concentrati su quello che è presente ed è positivo.
- E divertiti!

Un esempio di realtà ideale

Ecco un esempio della realtà ideale che ho creato per la mia Vita con uno Scopo per quando avrò sessant'anni. Nonostante i dettagli saranno probabilmente differenti da ciò che immaginerai per te, ti darà ad ogni modo un'idea di come iniziare a rifletterci su.

È talmente magnifico essere qui per il mio sessantesimo compleanno con tutta la mia famiglia al massimo della forma. Amber sta per diplomarsi con lode e chiarezza riguardo a chi sia e quale sia il suo prossimo passo nella sua vita ed ha le risorse necessarie per andare avanti con fiducia nel progettare la sua Vita con uno Scopo.

Io ed Ann ci stiamo godendo la libertà economica che deriva dal nostro flusso di reddito passivo, che eccede le nostre spese; abbiamo inoltre abbastanza tempo e denaro per viaggiare, divertirci, rilassarci. Siamo stati in luoghi come Bali, l'Australia, la Nuova Zelanda e le Hawaii, oltre a numerosi viaggi negli Stati Uniti, grazie soprattutto all'incredibile lavoro che ha fatto mia moglie con la sua attività dei sogni, Purposeful Properties.

Il Life on Purpose Institute è stato fondato nel 1996. È un'impresa stabile e matura eppure sempre in evoluzione, la quale è diventata il punto di riferimento per il coaching di valenza spirituale e per chiunque voglia portare più significato, passione e gioia nella sua vita. Lungo il percorso, abbiamo creato il nostro originale ed unico tipo di coaching, che è noto in tutto il mondo in quanto basato su un metodo pratico, testato, sistematico e con valenza spirituale, il quale porta gli individui che decidono di seguire questo percorso a chiarificare e vivere secondo il loro Scopo di Vita Divino.

Avendo imparato dal nostro passato, senza tuttavia esserci lasciati limitare da esso, abbiamo attratto un gruppo dinamico di coach appassionati e comprensivi nel Life on Purpose Institute, i quali sono la crème de la crème di chi ha studiato qui da noi. Loro amano il loro lavoro e si impegnano a fondo per il successo dell'istituto e sono coach e oratori estremamente validi ed efficaci.

La nostra visione è andata avanti fino a un Mondo con uno Scopo, nel quale le persone vivono le loro vite:

- Aiutando il prossimo con uno Scopo, con passione e senza dimenticare di divertirsi;
- Bilanciando una consapevole abbondanza con la semplicità e
- Con serenità spirituale.

Il nostro "prodotto" aumenta il valore della vita dandole uno Scopo. Il Life on Purpose Institute si è sviluppato a tal punto che io ed Ann possiamo allontanarci per lunghi periodi senza che esso smetta di funzionare. E funzionare bene! Siamo ormai diventati più i portavoce della filosofia Life on Purpose, mentre la routine quotidiana viene gestita dal nostro staff e dai nostri responsabili L'istituto è ormai un meccanismo che funziona da sé, con sistemi e strutture di supporto che vengono mantenute da persone qualificate che credono profondamente nel Mondo con uno Scopo che stiamo creando.

UN PAIO DI COSE RIGUARDANTI IL PERSONAL COACHING

Nonostante io abbia iniziato questo libro con le migliori intenzioni da coach e mi sia sforzato per donarti l'esperienza di essere in una relazione di coach con me, mi sento in dovere di sottolineare che il valore che riceverai dal processo Life on Purpose sarebbe immensamente intensificato, se lavorassi con un personal coach che sia stato formato su come guidarti lungo il Cammino del Significato.

Avere un tuo coach personale può avere diversi benefici, tra i quali:

- *Una struttura di supporto*: è facile finire fuori strada mentre stai leggendo un libro. Anche le intenzioni più sincere possono tuttavia affievolirsi nel corso degli eventi della vita. Per questo, trovarsi in una struttura pianificata di sessioni di coaching può fare un'enorme differenza, per rimanere fedeli e coerenti nel tuo impegno di chiarificare e vivere secondo il tuo Scopo.

- *Ulteriore chiarezza*: un personal coach può comportarsi come uno specchio, riflettendo i tuoi pensieri e le tue prospettive e, così facendo, portando maggiore limpidezza su quello a cui stai lavorando, con la quale arriva anche un maggiore potere di creare la tua vita.

- *Concentrazione*: la concentrazione è anch'essa collegata alla chiarezza. Il tuo coach può aiutarti a rimanere concentrato su quello che è più importante nella tua vita e, lungo il percorso, può aiutarti a rimanere in carreggiata o ritornare verso il Cammino, nel caso in cui ti allontanassi.

- *Alleanza di cervelli*: il tuo coach può essere d'aiuto anche nell'intervenire aiutandoti a scavare nella tua stessa saggezza. In altre parole, quando due o più individui si riuniscono con un'intenzione comune, si crea un'energia sinergica, il cui potenziale è maggiore della somma delle parti.

- *Un partner a tutti gli effetti*: un personal coach diventa spesso qualcuno di essenziale nella tua vita, il quale ha sì a cuore ciò per cui ti impegni, ma senza attaccamento.

Ovviamente, nessuno ha *bisogno* di un coach e la decisione di voler lavorare o meno con uno di loro è prettamente personale. Allo stesso tempo, tuttavia, migliaia di persone stanno scoprendo quanto faccia la differenza avere un coach al loro fianco, specialmente per chi vuole eccellere nella vita.

Se pensi che potresti beneficiare della presenza di un personal coach certificato Life on Purpose come guida lungo il Cammino, ti invito a visitare il sito web del Life on Purpose Institute, dove troverai i profili e le biografie dei coach che sono stati espressamente formati per guidare le persone attraverso il processo Life on Purpose. Scegli il coach che ti sembra essere quello più adatto e richiedi una sessione di coaching gratuita, per vedere se lavorare con un coach potrebbe esserti di effettivo aiuto.

I BOOMER al PASSAGGIO #1

Quando Barbara lesse degli ostacoli mentali lungo il Cammino, si rese conto di quanto spesso le succedesse che la sua mente scimmia si frapponesse tra lei e la sua intenzione di impegnarsi completamente nelle conversazioni, soprattutto con Bob ed i suoi figli. Dopotutto, come molte altre donne, era diventata una maestra del multi-tasking, il che la portava ad esempio a pensare ad una miriade di cose mentre svolgeva i suoi compiti di moglie e madre. Così decise di esercitarsi nel sorprendere la sua mente scimmia almeno una volta con ognuno di loro e di procedere lasciando ognuno di questi pensieri da parte per ascoltare la sua famiglia con attenzione. Alla fine della settimana prese nota nel suo diario di come avesse capito di conoscersi poco, e di quanto conoscesse suo marito o i suoi figli ancora meno. Nonostante questa fosse una constatazione dura da accettare, decise di fare ancora di più a riguardo, pianificando del tempo da sola con ognuno dei membri della famiglia almeno una volta al mese. Questa è stata un'esperienza davvero significativa per lei.

Dall'altro lato, Bob si rese conto di essere un classico caso di sindrome della tazza piena. Finalmente, rivelò a Barbara di averla ascoltata come se avesse già saputo tutto, quando lei aveva cominciato a leggergli degli ostacoli mentali. O almeno, fino al momento in cui lei iniziò a leggere la storia del maestro Zen. "Mi hai davvero inchiodato con quella" ammise. Bob si rese conto di ascoltare anche il suo staff in quel modo, quindi decise di trascorrere una settimana prestando attenzione alle perle di saggezza che gli venivano offerte dai suoi colleghi, ma che in precedenza non si era premurato di ascoltare o apprezzare.

I Test dei Boomer

Bob promise a Barbara che sarebbe stato onesto nel test. E lo fu, nonostante si rendesse conto di quanto doloroso sare bbe potuto essere, soprattutto quando sommò il suo punteggio:

Il tuo punteggio: 58 su 200.

Il tuo risultati: Sopravvivenza.:Analisi dei risultati: A questo livello te la stai cavando, nonostante tu abbia spesso la sensazione che ti manchi qualcosa. Queste sensazioni potrebbero essere dovute alla tua anima che si sta risvegliando e notando le immense opportunità che stanno per arrivare. Fidati di queste intuizioni e comincia a chiedere alla tua guida interiore cosa serve per iniziare a realizzare la tua vita. Per fare ciò, avrai bisogno di trascorrere del tempo riflettendo in silenzio e questo tempo che ti sarai ritagliato sarà estremamente gratificante, soprattutto se seguirai i suggerimenti che si presenteranno in questi momenti.

Anche Barbara rispose al test onestamente e fu felice di imparare di non stare meramente sopravvivendo.

Il tuo punteggio: 86 su 200.

Il tuo risultato: Impegno

Analisi dei risultati: La tua vita sta migliorando e hai molte ragioni per esserne riconoscente, anche se potresti non essere completamente consapevole di questi doni. Per questo, lavorare sul tuo senso di gratitudine ti aiuterà molto nel passaggio al livello successivo. I due momenti ideali per esprimere con consapevolezza la tua gratitudine sono la mattina appena sveglio e la sera, prima di andare a dormire. Se ancora non l'hai preso in considerazione, prova a pensare di iniziare e continuare un diario della gratitudine o semplicemente di dedicare dai cinque ai dieci minuti alla mattina e alla sera per enumerare le tue benedizioni. Sarà tempo speso bene.

Un paio di sere dopo aver fatto il suo test, Bob disse a

sua moglie: "Ho la sensazione che stiamo facendo un lavoro importante. Devo ammettere che all'inizio mi sembrava piuttosto forzato, ma immagino che si trattasse della mia tazza piena. In qualche modo, cerchiamo di prenderci l'impegno di ritagliarci un po' di tempo ogni settimana per fare questo lavoro.

Barbara capì che quel senso di squadra era stato uno degli ingredienti essenziali che li aveva tenuti insieme negli anni.

La Ruota della Vita dei Boomer

La ruota di Barbara:

Area	Come funziona	Quanto soddisfa	Media
Famiglia	7	4	5.5
Salute	5	4	4.5
Amici e vita sociale	4	4	4
Spiritualità	5	3	4
Denaro e finanze	7	5	6
Divertimento e Hobbies	3	3	3

Non appena completò la sua Ruota della Vita, Barbara si rese conto che, non solo la sua ruota era sbilanciata, ma pure piccola. "Sembra una di quelle ruote di scorta che hanno molti camion: appena sufficiente per farmi arrivare ad una stazione di servizio" confidò ad un'amica.

Alcune osservazioni che fece nel suo diario:

- Nonostante vada "tutto bene" nella nostra famiglia, nel senso che nessuno si trova in prigione, è dipendente da droghe o alienato dagli altri, siamo così impegnati in questo periodo che trascorriamo raramente del tempo di qualità insieme. Per questo ho dato un punteggio così basso sotto "soddisfacente".
- La mia salute va bene, ma giusto quello. Il mio livello energetico è spesso più basso di quanto vorrei e, negli anni, ho messo su tra i 7 ed i 10 chili, i quali mi danno l'impressione di rallentarmi. So che non avrò mai più trent'anni, eppure ho la sensazione che potrei migliorare molto.
- Potrei quasi chiedere: "Quali amici e vita sociale?" Se non fosse per le rare volte che andiamo in chiesa e quindi incontriamo degli amici a messa, avrei avuto un punteggio perfino più basso.
- La nostra situazione finanziaria è piuttosto buona, anche se mi farebbe piacere vedere meno addebiti sulla carta di credito. Ma, nonostante questa situazione, mi ritrovo a preoccuparmi di cosa succederebbe se Bob si ammalasse o gli succedesse qualcosa che gli impedisse di lavorare.
- E, proprio come per l'area riguardante la vita sociale, mi chiedo: "Quale svago e quali hobby?" Una volta amavo disegnare e dipingere e sapevo perdermi in un buon libro. Cosa è successo a quei bei tempi? E, ancora più importante, come posso riaverli indietro?
- Nel complesso, la mia impressione generale è che sia giunto il momento di riconnettermi con ciò che mi sta più a cuore, la mia famiglia e gli amici, e con me stessa. Ma come?

La ruota di Bob:

Area	Funziona	Soddisfa	Media
Relazioni: figli, moglie, amici	6	4	5
Carriera	8	4	6
Vita religiosa	5	5	5
Benessere e salute	4	4	4
Hobby (golf, viaggi etc.)	4	8	6
Denaro e finanze	8	6	7
Sviluppo personale e professionale	6	5	5.5

Ecco le osservazioni di Bob per Barbara sulla Ruota della Vita:

Insomma, alla fine non è stato male, anche se mi sembra che sia un po'sbilanciata. La cosa principale che ho capito è che, nonostante la mia carriera proceda bene e l'attività pure, mi ritrovo sempre più insoddisfatto. Ogni giorno diventa più difficile andare al lavoro. Ma non ti preoccupare, non sto dicendo di voler mollare tutto, è solo una riflessione interessante. Penso di essere in un momento della mia vita in cui vorrei iniziare a fare cose che mi facciano divertire e che mi diano un senso dell'avventura. Mi sento come se fossi giunto ad un punto morto e, anche se non sono sicuro di come farò ad uscirne, so che è ora di iniziare a pensarci.

PASSAGGIO #2

INTRAPRENDERE IL CAMMINO

Nel momento in cui inizi il tuo viaggio sul Cammino, è meglio scegliere il sentiero che ti porterà a destinazione in maniera più opportuna. E per fare questo, inizieremo con l'analizzare questa domanda fondamentale:

Cos'è uno Scopo di Vita?

Non sto domandando quale sia il tuo Scopo personale, non ancora perlomeno. In realtà, vorrei che guardassimo oltre la tua vista personale e limitata, per cercare di identificare una definizione maggiormente condivisibile e generale di quello che è uno Scopo di Vita. Secondo te, qual è l'opinione comune?

Un modo per rifletterci su, è immaginare di aver deciso di fare un sondaggio per strada nella tua zona e chiedere a centinaia di persone cosa pensano che sia uno Scopo di Vita. Quale pensi che sarebbe la risposta più comune? Quale sarebbe il tema principale delle risposte che riceveresti?

La risposta più comune potrebbe essere simile alla tua, oppure no. Il fine di questo sondaggio non è solo capire quello che la gente identifica come uno Scopo di Vita, bensì anche comprendere il loro atteggiamento verso il concetto di Scopo di Vita stesso. In altre parole, guarda non solo a ciò che ti viene detto, ma anche a quello che comunicano le azioni collettive. Questo è importante in quanto si parla spesso di qualcosa in maniera teorica, ma a volte ciò non si riflette nella pratica o nel modo in cui conduciamo la nostra vita.

Scrivi una o più risposte che pensi potresti sentirti dare dalla gente, se queste risposte descrivessero accuratamente e riflettessero come vivono le loro vite. Per il momento, tralascia coloro i quali potrebbero non saper rispondere o non capirebbero la domanda.

Da quando lo fondato il Life on Purpose Institute nel 1996, ho avuto l'opportunità di fare questa domanda non a centinaia di persone, bensì a migliaia. Esso è il tema centrale di gran parte delle risposte:

"Uno Scopo di Vita è ciò che si è destinati a fare su questo pianeta"

La parola chiave è *fare*. La maggior parte di noi crede che il nostro Scopo di Vita riguardi solamente ciò che "dobbiamo fare". Potremmo usare diversi termini, tra i quali: è ciò che dobbiamo compiere, è qualcosa che solo noi siamo in grado di fare, è qualcosa che facciamo e ci dà gioia, e così via.

Poiché stiamo parlando di un'opinione personale riguardo a qualcosa, qualunque risposta dovessimo ricevere dovremo considerarla di pari valore rispetto alle altre. E, come succede con qualsiasi altra opinione o idea, questa influenzerà il modo in cui noi viviamo. Quello che sto per dire potrebbe sembrarti strano, quindi sii semplicemente pronto ad ascoltare e ad esaminarlo insieme.

Nel momento in cui pensiamo ad uno Scopo di Vita come a qualcosa che noi facciamo o dobbiamo fare, questo ci dirige sin dal principio verso una direzione particolare. È come se ci lanciassimo nella vita e vedessimo un cartello con su scritto: "Di qua per il tuo Scopo nella vita" ed il cartello ci indirizzasse verso "fare". Di fronte quindi alla domanda "Qual è il mio Scopo nella vita?", ci dirigeremmo automaticamente lungo il sentiero che riguarda il *fare*.

Molti di noi vivono perciò la loro vita concentrandosi sul fare, e, in molti casi, sull'*avere*, il quale è una derivazione naturale della prima azione.

Probabilmente ci stiamo lasciando sfuggire qualcosa, come il vero senso di soddisfazione e realizzazione che tanto desideriamo. È come se avessimo preso una deviazione, ma non ce ne rendessimo conto; ci chiediamo quindi come siamo arrivati a quel punto... Tutto è cominciato da quel segnale stradale che indicava il *fare* proprio all'inizio del percorso.

Ho scoperto che, quando le persone si occupano di questa prospettiva sociale, si concentrano su due aree di vita alla ricerca di significato e Scopo. Molti cercano uno Scopo nel loro lavoro (nella loro carriera o professione), mentre altri lo cercano in qualche ruolo principale della vita, come essere un bravo genitore o compagno o un figlio coscienzioso.

Purtroppo, questo atteggiamento ha dei limiti e nasconde delle insidie. Ad esempio, cosa succederebbe nel caso in cui tu identificassi il tuo Scopo con il tuo lavoro e poi, per qualche ragione, non fossi più in grado di continuare a lavorare? Un po' di tempo fa, ritornando dal mio dentista, questo pensiero mi colpì in maniera davvero potente.

Mentre il dentista controllava la mia cartella, notò che avevo dichiarato che la mia professione era quella di Life on Purpose Coach. La maggior parte della gente ha due tipi di reazione quando vengono a conoscenza del mio lavoro: sono confusi, ma troppo imbarazzati per chiedere spiegazioni, e non dicono nulla o, come nel caso del mio dentista, si incuriosiscono e mi chiedono cosa significhi.

Dopo aver descritto il tipo di lavoro che faccio, il mio dentista esclamò: "Caspita! Esattamente quello di cui mio padre avrebbe bisogno in questo momento!" Così mi raccontò che suo padre era stato un medico di spicco in quella parte del Paese per quasi quarant'anni; di recente però, a causa della sua salute, aveva dovuto smettere di esercitare. "Si sente come se la sua vita non avesse un significato né uno Scopo" continuò il dentista, procedendo nel descrivere quello che succede alla maggior parte delle persone quando si convincono che il loro Scopo nella vita stia tutto nel lavoro.

Lo stesso è valido per chi crede che il suo Scopo sia il ruolo che ricopre. Ad esempio, cosa succede a chi pensa che essere un bravo genitore per i suoi figli sia il suo Scopo, per poi svegliarsi un giorno e rendersi conto che i figli sono cresciuti e se ne sono andati da casa? Esiste addirittura un nome per una situazione del genere, ossia sindrome del nido vuoto.

Prenderla in questo modo ha pure le sue trappole, in quanto pensiamo erroneamente che un *aspetto* della nostra vita sia il nostro Scopo. Non avrebbe tuttavia più senso, se il nostro Scopo di Vita includesse tutta la nostra esistenza? Non solo il lavoro, non solo un qualche ruolo importante, bensì la nostra vita intera e tutto quello che facciamo.

Se siamo davvero interessati a chiarificare il nostro vero Scopo, in maniera da avere una vita gratificante e soddisfacente, dobbiamo cambiare il nostro punto di vista.

In questo modo, saremo in grado di camminare lungo un sentiero di vita diverso: un Cammino del Significato che conduce ad una vita di gioia, soddisfazione e gratificazione.

Ecco una prospettiva diversa, che vorrei testassi su di te: la prospettiva di una Vita con uno Scopo. Prova a pensare ad uno Scopo di Vita come al *contesto* o ad *un recipiente* o *contenitore nel quale versi la tua vita*. Riflettici un momento prima di continuare a leggere, successivamente analizzeremo questa prospettiva più a fondo.

Usiamo un sussidio visivo per esaminare questa prospettiva più in profondità. Immagina di avere la tua tazza preferita di fronte a te. Anzi no, ancora meglio: smetti di leggere per un istante, vai a prenderla e riempila d'acqua. Ora, guarda all'insieme di tazza e acqua come una rappresentazione della prospettiva di una Vita con uno Scopo. In altre parole, la tazza ne rappresenta una parte e l'acqua l'altra.

Scrivi la parte dell'affermazione precedente che è rappresentata dalla tazza:

_____

Scrivi la parte dell'affermazione precedente che è rappresentata dall'acqua:

_____

Ora controlla le tue risposte:

La tazza rappresenta il contesto, il recipiente o il contenitore (ossia il tuo Scopo di Vita)

L'acqua rappresenta la tua vita.

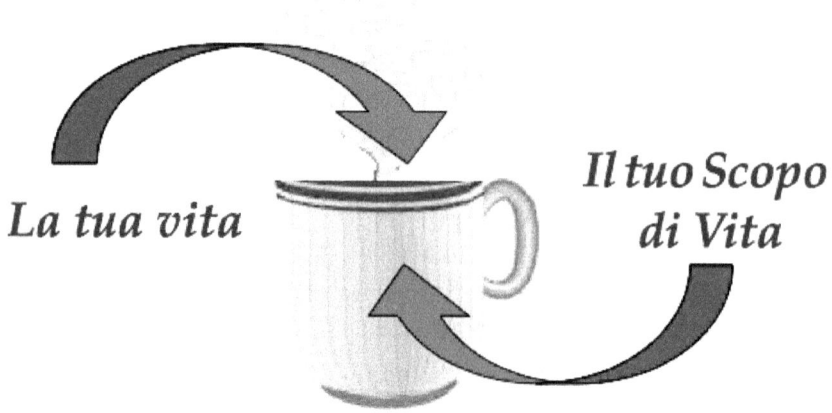

Ora, cerchiamo di concentrarci solamente sulla tazza e sull'acqua per il momento. Potrebbe essere utile avere una vera tazza piena d'acqua di fronte a te. Se le guardi, ti renderai conto che c'è una relazione tra l'acqua e la tazza. cosa puoi notare riguardo a questa relazione? Se non sei sicuro di dove stia cercando di arrivare, prova a vederla in questo modo: cosa è successo all'acqua quando l'hai versata nella tazza? Prima di continuare a leggere, cerca di dare una risposta tua.

L'acqua ha preso la forma dell'interno della tazza o, detta in altro modo, la tazza ha dato una forma all'acqua.

Breve revisione

Nella nostra metafora, cosa rappresenta la tazza e cosa l'acqua? Scegli A, B, or C:

A. La tazza rappresenta quanto lontano puoi viaggiare e l'acqua rappresenta la direzione.

B. La tazza rappresenta lo Scopo di Vita e l'acqua rappresenta la vita.

C. La tazza rappresenta un contenitore e l'acqua ne rappresenta il contenuto.

La tazza rappresenta lo Scopo di Vita e l'acqua rappresenta la vita. quindi è B ad essere corretta. In questo esempio, la tazza è il contesto che determina la vita, ossia lo Scopo di Vita. L'acqua è ciò che viene determinato dallo Scopo di Vita, ossia la tua vita.

Se ti senti come se stesse per scoppiarti la testa, fai una pausa. Fai un respiro profondo ed espira. Ora andremo ad analizzare più in dettaglio l'idea dello Scopo di Vita come contesto per la tua vita. Ricordati che parte del motivo per il quale stiamo analizzando questo concetto in maniera così dettagliata è dovuto all'opinione sociale in merito e che vogliamo ora superare.

Ecco le prossime domande da porti:

Quando parliamo delle nostre vite come determinate dal nostro Scopo, cosa intendiamo? Di cos'è fatta la vita di una persona?

Per ottenere una risposta, dobbiamo tornare alla metafora della tazza e dell'acqua. Abbiamo detto che l'acqua rappresenta la tua vita. Ripensa a quando andavi a scuola e c'era lezione di scienze: l'unità minima che mantiene le proprietà dell'acqua è la molecola.

Se andassi più nel piccolo, troveresti gli atomi, in questo caso due atomi di idrogeno ed uno di ossigeno, ma gli atomi in sé non hanno le stesse proprietà dell'acqua. Infatti, serve una molecola composta da due atomi di idrogeno ed uno di ossigeno per avere le proprietà dell'acqua. Ma cosa ha a che fare tutto ciò con il tuo Scopo di Vita? Ecco qui la vera domanda, la quale ci riporterà alla questione principale:

Ciò che stiamo cercando è l'unità più semplice ed essenziale della vita di un individuo, la quale ne mantenga tuttavia le qualità. Quando avremo capito questo, sapremo cosa viene davvero determinato dal nostro Scopo di Vita e, moltiplicando quest'unità basilare più volte, otterremo la vita completa di un essere umano.

Indizio: proprio come una molecola d'acqua ha tre componenti, anche l'unità basilare della vita di una persona ne ha tre. Fai un tentativo: quali sono le tre componenti che determinano la vita di una persona?

Questo ho imparato, che se uno avanza fiducioso in direzione dei suoi sogni, e si sforza di vivere la propria vita come l'ha immaginata, incontrerà un successo inatteso in situazioni normali.

Henry David Thoreau

LE TRE COMPONENTI DI BASE DELLA VITA

Procedendo nella nostra esplorazione, identificheremo ora ognuna della tre componenti che formano una "molecola di vita".

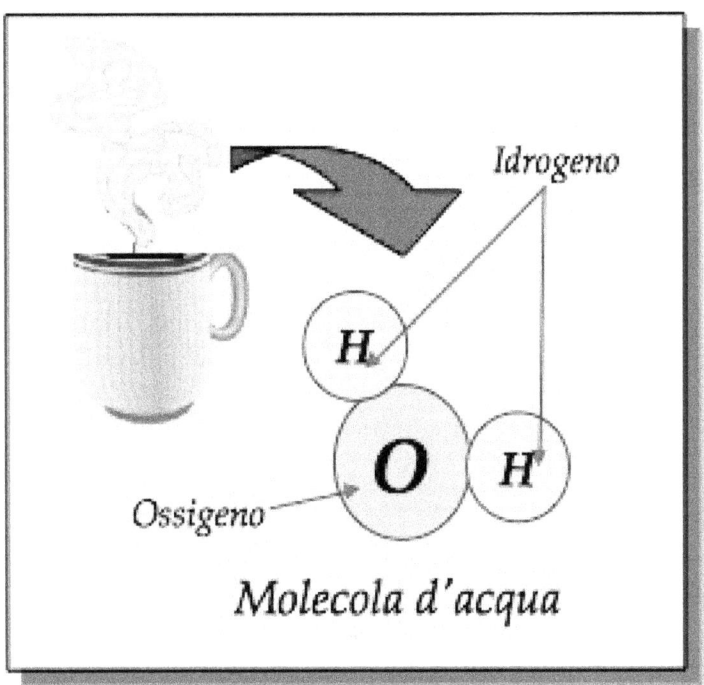

Per essere precisi, la parola "vita" si riferisce qui nello specifico al periodo di tempo che va dal concepimento (o dalla nascita, come preferisci) e che termina con la morte.

Concepimento/Nascita <======= Vita======> Morte

Immagina che qualcuno voglia realizzare un film sulla tua vita, dalla nascita alla morte, al termine del quale iniziano a scorrere i titoli di coda. Come ben sai, un film è formato da tanti singoli fotogrammi. Puoi pensare ad ogni fotogramma come ad una delle componenti basilari della vita. Ma cosa rappresenta esattamente un singolo fotogramma del tuo film? Se dividi la tua vita in singoli fotogrammi, non è forse composta da momenti nel tempo? Prima vivi questo istante, poi il seguente, il seguente ancora... Detto questo, una delle componenti della molecola di vita è "momenti nel tempo". Scrivi questo in uno dei cerchi nella pagina successiva. Continuando con la metafora del film, guardiamo ora ad ogni fotogramma del tuo film o, meglio ancora, guardiamo ad ogni singolo fotogramma del film della tua vita: qual è l'unica cosa che vedi costantemente in ogni fotogramma?

Indizio. Questa domanda è del tipo: "Di che colore era il cavallo bianco di Napoleone?". Non farla più difficile di quanto sia.

Non è forse vero che l'unica cosa che vedresti sempre in ogni fotogramma del film della tua vita saresti *tu*? La seconda componente di una molecola di vita è l'individuo: un essere umano vivo e conscio. Quindi scrivi "sé" in uno degli altri cerchi.

A questo punto abbiamo due delle tre componenti. Torniamo per un attimo al film e concentriamoci su una parte qualsiasi. Potremmo scegliere un periodo che va dal momento della tua nascita o dal primo giorno di scuola o qualsiasi altro momento. Se lo proiettassimo su uno schermo, cosa vedremmo?

Prenditi un istante per rifletterci prima di proseguire.

Indizio. Se facessi andare avanti il film velocemente, saresti in grado di osservare ciò di cui sto parlando più facilmente.

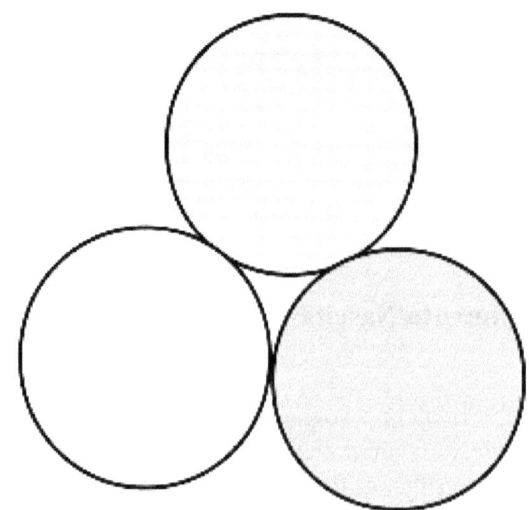

Molecola di Vita

Riflettici un attimo: non siamo forse continuamente in movimento o nell'atto di fare qualcosa? Anche quando siamo seduti a "fare niente", stiamo in effetti facendo qualcosa: stiamo seduti a fare niente! Quindi, la terza componente di base della vita è l'"azione". Scrivilo nell'ultimo cerchio.

Cerchiamo ora di riassumere quello che abbiamo analizzato e di capire cosa ha a che fare con il vivere con uno Scopo. Innanzitutto, abbiamo stabilito che la molecola di base della vita è *un individuo vivo e conscio, il quale fa delle cose nel corso del tempo*. Questo è dunque ciò che viene determinato dallo Scopo di Vita.

Potresti comunque continuare a chiederti: "Che cosa ha a che fare tutto ciò con il mio Scopo di Vita?"

Beh, forse non te ne sei nemmeno reso conto, ma abbiamo appena definito un'importante distinzione, che molte persone non riescono a vedere, finendo per sentirsi bloccate e non riuscendo mai a trovare il loro Scopo di Vita.

Torniamo indietro per un attimo e guardiamo ad entrambe le prospettive che abbiamo finora considerato: quella sociale e quella Life on Purpose. Ti ricordi? Abbiamo detto che il tema principale dell'opinione sociale riguardo allo Scopo di Vita trattava di ciò che siamo venuti a fare in su questo pianeta. La prospettiva Life on Purpose, d'altro canto, è piuttosto diversa: quello che sto cercando di suggerirti è che uno Scopo di Vita non è quello che facciamo, bensì quello che, a monte, determina ciò che facciamo.

Come vedi, la maggior parte delle persone si pone la domanda sbagliata riguardo al suo Scopo di Vita: "Cosa dovrei fare nella mia vita?"

Ma il *fare* in sé non è lo Scopo. Il tuo Scopo di Vita è ciò che dà forma e contesto al *fare*!

Detta in un altro modo, il tuo Scopo di Vita è il contesto o il significato onnicomprensivo che tu dai alla tua vita e il quale dà poi forma al *fare* della tua vita stessa. Quello che facciamo è espressione del nostro Scopo di Vita, ma non è lo Scopo in sé. Questa è la distinzione fondamentale che abbiamo fatto:\

Scopo di Vita = Il contesto della tua vita che determina ciò che fai

Fare, azioni, progetti, obiettivi = Il modo in cui esprimi il tuo Scopo di Vita

Conosciamo tutti la storiella dell'uomo che perse le chiavi in un vicolo buio, ma decise comunque di cercarle sotto il lampione, perché l'illuminazione era migliore. C'è qualcosa che possiamo imparare rispetto al modo in cui molti di noi cercano il loro Scopo di Vita: molti si comportano come l'uomo della storiella, usando il metodo più facile, che tuttavia non funziona. Infatti, molti cercano sotto la luce del lampione del *fare*, cercando qualcosa che non si trova lì. Di conseguenza, dovrebbero rivolgere la loro attenzione da un'altra parte. Ma dove?

Torniamo all'analogia della tazza e dell'acqua. L'unica domanda che dovremmo porci è: di cosa è fatta la tazza? O, più precisamente, quali sono le componenti di uno Scopo di Vita?

Iniziamo con la tazza. Può essere fatta di vetro, ceramica, porcellana, acciaio, legno, polistirolo, cartone... e tanti altri materiali. E, proprio come una tazza può essere fatta di molti materiali diversi, altrettanto succede con uno Scopo di Vita. Quando creai il processo Life on Purpose con il supporto della mia guida interiore, tuttavia, mi resi conto di come ci siano determinate qualità che uno Scopo di Vita dovrebbe avere, ossia:

- *Il potere di determinare la nostra vita.* Dovrebbe essere abbastanza potente da determinare la nostra intera vita, in ogni momento, qualsiasi cosa facciamo.
- *Stabile e duraturo.* Non vorresti forse uno Scopo di Vita che durasse finché sei su questo pianeta o anche oltre? Io sì.
- *Flessibile.* Dovrebbe comunque darci modo di divertirci ed esprimerci pienamente.

Con queste tre caratteristiche in mente, ho chiesto alla mia guida interiore: "Quali elementi universali ed essenziali sarebbero costantemente presenti in uno Scopo di Vita dotato delle caratteristiche appena citate?" Analizzeremo la risposta nella prossima sezione.

Non seguire il sentiero percorso da qualcun altro: non funziona mai nello stesso modo due volte... Il sentiero segue te e si svolge dietro alle tue spalle mentre cammini, facendo in modo che la prossima persona debba trovare la sua strada.

J. Michael Straczynski

GLI ELEMENTI DI BASE DI UNO SCOPO DI VITA FLORIDO E DURATURO

Molti elementi potrebbero contribuire alla creazione di uno Scopo di Vita potente, duraturo e flessibile. Attraverso l'esperienza che ho maturato lavorando con centinaia di individui e migliaia di persone in sessioni di gruppo, ho trovato che i seguenti tre elementi sono quelli più efficaci:

- **Visione**: Qual è la visione o il futuro che vedi per il mondo?
- **Valori**: Quali sono i tuoi valori fondamentali e per i quali saresti disposto a dare la tua vita?
- **Essere**: Chi sei? Per cosa possono contare su di te gli altri? Lo Scopo di Vita ha più a che fare con chi sei, rispetto a ciò che fai. Ricordati: noi "siamo" umani, non "facciamo" gli umani. Ma molti se ne sono dimenticati.

Passiamo ora ad analizzare ogni elemento del dettaglio.

La visione: ciò che è possibile

Se trascorri molto tempo con dei bambini liberi di esprimersi pienamente, ti accorgerai di come loro vivano nel mondo della possibilità: i bambini sanno inventare giochi sul momento e non temono di cambiare le regole, non appena capiscono che potrebbero divertirsi di più modificando il gioco.

I bambini sono pieni dello spirito della possibilità. Purtroppo, molti di noi si sono trovati con quello spirito soffocato a causa di persone con le migliori intenzioni o situazioni difficili e, soprattutto, a causa delle nostre reazioni e interpretazioni di ciò.

Ad ogni modo, *non importa ciò che ci è successo nel passato*. Infatti, non solo è possibile tornare a quell'innocenza, ma è addirittura necessario farlo, se vogliamo chiarificare il nostro vero Scopo nella vita.

Ognuno di noi ha la sua prospettiva di quello che è possibile nella vita (nelle nostre famiglie, nella nostra comunità, nel mondo). Venire a contatto con questa visione di ciò che è possibile, è una delle priorità per chiarificare il tuo Scopo di Vita.

I valori–Cosa conta di più

Chiarificare i nostri valori fondamentali è un processo di raffinatura ed è un po' come sbucciare una cipolla, strato dopo strato.

Spesso iniziamo con una lunga lista di cosa che gli altri ci hanno insegnato a valutare. Questo è ciò che chiamo i *doveri*.

Tuttavia, è importante andare oltre questo strato finché non arriviamo ai valori secondo i quali abbiamo deciso di vivere. Questo secondo strato è composto dai *valori scelti*.

Lo strato davvero importante è ancora più nascosto. Quello di cui sto parlando sono quei valori selezionati ed intangibili, di solito tra i tre ed i sei, per i quali saremmo disposti a dare la vita. Questi sono i nostri *valori fondamentali*.

Così come una visione unica di quello che è possibile, così abbiamo pure un'unica serie di valori fondamentali, i quali sono una parte integrante del nostro Scopo di Vita.

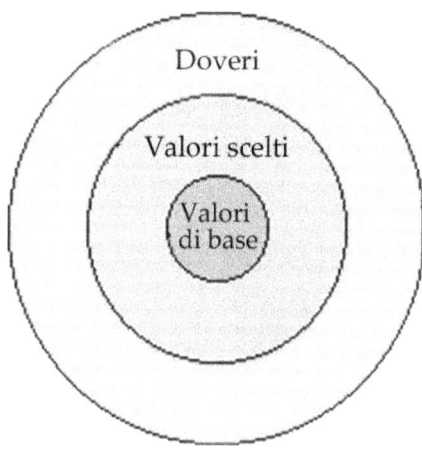

Essere–L'essenza di chi siamo

Una delle più importanti domande che possono determinare la vita di tutti noi è: "Chi sono io?" Nel momento in cui sappiamo chi siamo e conosciamo i diversi modi di essere che risiedono nel nostro io più profondo, abbiamo un altro elemento di base per il nostro Scopo di Vita.

Tutti noi, infatti, abbiamo i nostri particolari modi di essere sui quali noi stessi e gli altri abbiamo imparato a contare. L'aver riconosciuto questi nostri modi di essere ci dà un ulteriore importante pezzo del puzzle che costituisce il nostro Scopo.

Il collante che mantiene tutto insieme

In realtà, esiste una quarta componente che assume un'importanza fondamentale per la formazione di uno Scopo di Vita che sia florido, flessibile e duraturo. Puoi pensare ad essa come alle fondamenta sulle quali si poggia il tuo Scopo di Vita ed al collante che tiene insieme tutto.

Ci sono diversi modi per fare riferimento a quest'ultimo ingrediente. Uno di questi è chiamarlo amore, ossia la forza d'attrazione universale incondizionata che ci lega gli uni agli altri e ci mette in connessione con il cosmo. Un altro modo è definirlo come la nostra relazione con Dio, un potere superiore o la tua spiritualità.

Combinando questo collante con la nostra visione di ciò che è possibile per il mondo, con i nostri valori fondamentali e i nostri modi unici di essere, ecco che otteniamo uno Scopo di Vita potente, florido e duraturo, il quale mantiene tuttavia l'elasticità necessaria per lasciarci esprimere noi stessi con fantasia. Questo Scopo di Vita diventa il contesto che ci determina e dà forma mentre viviamo e facciamo tutto ciò che rende tale la nostra vita.

Dalla teoria alla pratica: un esempio

Giunti a questo punto, proviamo a fare un esempio che ci porti dalla teoria alla pratica. L'esempio che conosco meglio è la mia stessa vita: da oltre due decenni mi occupo con gioia di coaching; inoltre, negli ultimi dieci anni ho diretto la mia impresa a base spirituale, ossia il Life on Purpose Institute. Nonostante entrambi queste attività siano importanti per me, mi è chiaro che esse non sono tuttavia il mio Scopo di Vita.

Sono felicemente sposato con mia moglie Ann da molti anni e sono il padre orgoglioso di mia figlia Amber. Entrambi i ruoli mi fanno sentire estremamente soddisfatto e realizzato; eppure, non sono il mio Scopo di Vita. Il mio Scopo di Vita è di vivere una vita ispirata e ispirante, sempre al servizio degli altri in modo significativo, appassionato e giocoso; è una vita di abbondanza consapevole bilanciata con la semplicità ed arricchita dalla serenità spirituale.

Questo è quindi il contesto ed il contenitore nel quale verso la mia vita. Determina chi sono e cosa faccio come coach, scrittore, oratore e fondatore del Life on Purpose Institute, così come pure la mia vita personale di marito, padre e membro della mia comunità. In realtà, ha il potere di determinare la mia vita intera, in ogni suo momento. In altre parole, alcuni modi in cui ho deciso di esprimere il mio Scopo di Vita sono proprio come coach, scrittore, oratore, fondatore, marito e padre.

Non appena ti sarà chiaro il tuo Scopo di Vita, esso avrà il potere e la possibilità di determinare la tua vita *intera*: i tuoi pensieri e sentimenti, le tue decisioni e le scelte, ciò che dirai e farai ed infine i risultati che sarai in grado di ottenere nella tua vita. Nel momento in cui tutti questi fattori, ossia i tuoi pensieri e sentimenti, le tue decisioni e scelte, ciò che dici e fai sono coerenti l'uno con l'altro e si riuniscono in maniera armoniosa e completa, si crea una forza straordinaria. Per questo vivere secondi l tuo Scopo non è solo possibile, bensì anche esaltante.

Chiamata all'Azione

In un campo da golf ci sono delle bandierine ad ogni buca. Ma qual è lo Scopo di ogni bandierina? Essa mostra al giocatore il punto esatto dove vuole far arrivare la pallina.

Il primo compito ti darà un senso di direzione lungo il Cammino. Ricordati: non c'è bisogno di ottenere una risposta definitiva ora; semplicemente, riflettici per qualche giorno.

Compiti complementari

Ecco alcune domande sulle quali riflettere come parte dei tuoi compiti:
- *Guarda al tuo Scopo di Vita attraverso la prospettiva Life on Purpose: qual è la tua visione del mondo?*
- *Quali sono i valori fondamentali per i quali daresti la vita?*
- *Chi sei e per cosa si può contare su di te?*

Ora, mescola le tue risposte con la forza d'attrazione universale e incondizionata chiamata amore o il tuo rapporto con Dio, un potere superiore o la tua spiritualità. Poi rifletti sulla domanda che segue:
- *Qual è il contesto o il contenitore che potrebbe determinare il resto della tua vita e tutto ciò che fai?*

Ricordati: riflettici semplicemente per il momento e vedi cosa scopri.

Nel Passaggio n. 3 inizieremo a disfarci piano piano di ciò che si trova tra te e la definizione del tuo Scopo di Vita e lo faremo con questa premessa fondamentale: la tua vita viene determinata di continuo da qualcosa, non c'è mai un momento in cui ciò non succeda. Tuttavia, poiché la maggior parte delle persone non ha chiaro il proprio Scopo, è piuttosto improbabile che le loro vite siano determinate esso. Detto questo, prenditi il tempo necessario per svolgere il prossimo compito.

Questa è la prossima domanda che affronteremo:

- *Visto che la tua vita è comunque determinata da qualcosa, cosa la determina, quando non sai qual è il tuo Scopo di Vita?*

Indizio. Per iniziare a rifletterci, ripensa alla tua infanzia, agli anni della tua formazione...

Secondo indizio: Ci sono molti fattori che possono determinare una vita e noi ne stiamo cercando tanti quanti ne riuscirai a trovare.

Torna alle domande e inizia dalle attività che fai, hai fatto o potresti fare, quelle che ti aiutano ad accedere alla fonte della tua creatività, ossia la tua guida interiore, la tua intuizione, ciò che viene chiamato *pensiero divergente*, la tua scintilla creativa. Dopo aver scritto la tua lista, dai un'occhiata alle idee qui di seguito e osserva se c'è qualcosa che vorresti includere.

Il compito consiste nell'iniziare a svolgere almeno una delle attività nella tua lista o in quella seguente ed incorporarla nella tua routine quotidiana. Fai regolarmente qualcosa che eserciti la tua creatività ed affini la tua intuizione.

Ecco alcune idee per iniziare:

- Tieni un diario e riportaci le esperienze in cui ti senti più creativo e presente;
- Trascorri del tempo immerso nella natura: impara ad essere presente e consapevole di ciò che ti circonda, nota i dettagli e le minuzie;
- Trascorri del tempo in silenzio pregando e/o meditando. Concentrati sul tuo respiro o sulla fiamma di un candela. Osserva i pensieri della tua mente scimmia;
- Fai attività fisica: l'esercizio fisico, specie se intenso, può essere un ottimo modo per mettersi in contatto con la tua fonte interiore di creatività;

- Ascolta della musica che ti ispiri e lasciati andare!
- Contatta la tua creatività attraverso l'arte. Non preoccuparti di realizzare qualcosa nel modo giusto o senza errori. Assicurati però sempre che tu ti stia divertendo!

Un presentimento è la creatività che cerca di dirti qualcosa
Frank Capra

I BOOMER AL PASSAGGIO #2

Ecco alcune delle osservazioni che scrisse Barbara nel suo diario in merito alla prospettiva Life on Purpose:

Wow, è tutto ciò che riesco a dire in questo momento. Wow! Io e Bob siamo andati avanti ed oggi abbiamo imparato un modo nuovo di considerare cosa sia uno Scopo di Vita. La mia testa e il mio cuore sono ancora piuttosto agitati. Oggi mi sono resa conto di aver pensato per decenni che il mio unico Scopo di Vita fosse essere una buona moglie per Bob ed una brava madre per i miei figli. Non sorprende quindi il mio senso di panico degli ultimi mesi: il mio terzo figlio si avvicina rapidamente all'età in cui se ne andrà di casa ed io e Bob sembriamo allontanarci sempre più l'uno dall'altra.

Nonostante non sappia ancora quale sia il "contesto" della mia vita, mi sento piena di speranza e di attesa al pensiero che lo scoprirò presto, anche se non nego una certa paura: dopotutto, una volta trovato il mio Scopo di Vita, non avrò più scuse per non vivere secondo esso.

Ed ecco alcuni pensieri che Bob ha condiviso con Barbara alla fine del Passaggio #2:

Sto ancora elaborando il fatto che lo Scopo di Vita di una persona non riguarda strettamente ciò che fa. Sono sempre stato molto attivo, sin da quando ho avuto il mio primo lavoretto a quindici anni e, nel frattempo, ho imparato a provvedere alle necessità della mia famiglia. Ora mi viene chiesto di prendere in considerazione il fatto che, né la mia professione di dentista né il mio ruolo di capofamiglia, siano il mio Scopo di Vita. Devo ammettere che è davvero dura da digerire. D'altra parte, comportarmi come una tazza piena non mi servirà a nulla. Inoltre, se penso che il mio Scopo potrebbe essere "il contesto o il contenitore nel quale verso la mia vita" e che quel contesto potrebbe avere il potere di determinare la mia vita intera, mi sento agitato e desideroso d'avventura. E questo mi fa stare bene.

PASSAGGIO #3

SCOPRIRE COS'HA DETERMINATO LA TUA VITA FINORA

COSA DETERMINA LA TUA VITA PRIMA DI CONOSCERE IL TUO VERO SCOPO?

Nel passaggio precedente, ti ho chiesto di riflettere sulla premessa che segue:

La tua vita viene determinata di continuo da qualcosa e non esiste un momento in cui questo non accada. Tuttavia, poiché succede spesso che non si conosca con chiarezza quale sia il proprio Scopo nella vita, è piuttosto improbabile che sia stato quello a determinare la tua vita finora.

Poi ti ho chiesto di porti questa domanda:

Se la tua vita viene continuamente determinata da qualcosa, che cosa la determina se non ti è chiaro il tuo Scopo?

Ti ho anche suggerito di tornare col pensiero alla tua infanzia per ritrovare cosa ti ha influenzato durante la crescita. Rifletticti un momento e ti renderai conto di quanti fattori differenti determinano la vita di una persona. Molti di questi agiscono proprio durante quegli anni di formazione.

Se non hai ancora risposto a questa domanda per iscritto, prenditi ora un momento e fallo prima di andare avanti. Dopotutto, una delle regole di questo gioco chiamato coaching è proprio la volontà del giocatore di svolgere i compiti con accuratezza.

Ecco alcuni spunti per rinfrescarti la memoria:

- Pensa ai tuoi genitori e ad altri modelli (un fratello maggiore, un'insegnante, un parente o una figura religiosa) ed a come questi hanno influenzato la tua vita;
- Dove sei nato e dove sei cresciuto? Il luogo dove siamo cresciuti ha anch'esso un enorme impatto sulla nostra vita;
- Qual era la situazione socio-economica della tua famiglia?
- La tua famiglia era religiosa, agnostica o tendenzialmente atea?
- In che periodo sei nato? Ovviamente, chi è nato durante un periodo di grande crisi economica ne è stato profondamente influenzato, così come coloro i quali hanno genitori cresciuti in tali periodi.

Con queste idee in mente, rispondi alla domanda:

Se la tua vita viene continuamente determinata da qualcosa, che cosa la determina se non ti è chiaro il tuo Scopo?

Il tuo Scopo Acquisito

Potremmo scrivere una lista infinita con tutti i fattori che incidono sulla nostra vita e la determinano! Per la maggior parte, le nostre vite sono state determinate da eventi e cose sulle quali non abbiamo avuto molto potere. Per renderla semplice, chiameremo l'effetto cumulativo di tutti questi fattori messi insieme il tuo *Scopo Acquisito*.

Ed ecco il prossimo pensiero su cui riflettere: proprio come ognuno di noi ha il suo Scopo di Vita, così ognuno ha il proprio Scopo Acquisito. Tuttavia, prima di concentrarci sul tuo in particolare, analizzeremo alcune delle caratteristiche comuni a tutti.

Il tuo Scopo Acquisito:
- Si basa sulla paura, sulla necessità di sopravvivere. È ciò che la vita confeziona per te, affinché tu riesca a sopravvivere.

- Ti lascia con una sensazione del tipo "Ma è tutto qua?". Quando è il tuo Scopo Acquisito che determina la tua vita, ti senti continuamente insoddisfatto e non realizzato, nonostante questa sensazione possa essere mascherata dal prossimo punto. Se lo Scopo Acquisito avesse una colonna sonora, questa sarebbe "I Can't Get No Satisfaction" (ndt.: "Non posso avere nessuna soddisfazione") dei Rolling Stones.

- È un fenomeno che resta sullo sfondo: è talmente radicato nell'idea che hai di te stesso, da essere diventato trasparente. Il tuo Scopo Acquisito è un po' come la gabbia di uno zoo in cui un animale è cresciuto in cattività: esso, infatti, non fa certo caso all'ambiente in cui vive in quanto è l'unica cosa di cui ha fatto esperienza finora. Tutto questo almeno finché non lo fai uscire ed esso si rende conto della sua esistenza. Proprio perché si trova sullo sfondo della tua vita, lo Scopo Acquisito ha un'enorme influenza su di essa: è proprio come un mastro burattinaio sul palco della vita, nel quale tu ti muovi senza nemmeno renderti conto di essere un burattino. Pensi di essere libero di fare tutto ciò che vuoi quando vuoi, mentre in realtà è il tuo Scopo Acquisito a tirare i fili. E' proprio questa sua trasparenza a donargli un tale potere su di te.

- È un meccanismo automatico, è ciò che dirige l'orchestra mentre tu sei in modalità "pilota automatico" o in qualsiasi momento in cui non ti sia chiaro qual è il tuo Scopo. Anche dopo aver chiarificato il tuo Scopo di Vita, il tuo Scopo Acquisito sarà sempre pronto ad entrare in scena da dietro le quinte, ogni qual volta non sarai *tu* a decidere della tua vita. Non dovrai mai preoccuparti di svegliarti una mattina e non sapere chi sei e cosa determina la tua vita, perché il tuo Scopo Acquisito sarà lì accanto a te.

Uno degli aspetti più importanti del metodo Life on Purpose è svelare quale sia il tuo Scopo Acquisito. Ed ecco il perché: *Più riesci a portare il tuo Scopo Acquisito dalle quinte verso la ribalta della tua consapevolezza, meno potere sulla avrà tua vita.*

Di seguito, impareremo che ruolo ha l'uomo dietro il sipario nel riconoscimento del proprio Scopo Acquisito.

La mente umana è come una pignatta: se la aprissimo, troveremmo un sacco di sorprese all'interno. Una volta compresa la prospettiva della pignatta, capirai che perdere la testa può essere un'esperienza eccezionale.

Jane Wagner da *La ricerca di segni di vita intelligente nell'universo*

TIRARE LA TENDA SUL MAGO DEL TUO PASSATO

L'opera *"Il mago di Oz"* offre un altro punto di vista sul tuo Scopo Acquisito. Nel racconto il mago ha un enorme influenza su Dorothy, la protagonista, e suoi suoi amici tanto da mandarli a cercare la scopa della strega per tutto il regno di Oz, così che Dorothy possa tornare a casa. Nonostante ciò, alla fine il mago perde completamente il suo potere su di loro. Ti ricordi cosa succede? Toto, il cagnolino di Dorothy, tira la tenda da dietro la quale il mago si rivolgeva ai suoi ospiti e svela l'inganno: non esiste alcun grandioso e potente Oz, bensì solo un vecchio omino circondato da fumo e specchi. (l'ho rimessa un po' a posto, vedi se ti piace)

Proprio come Toto, questo passaggio del metodo Life on Purpose apre il sipario e rivela le forze che hanno determinato la tua vita fino a questo momento. Identificando il tuo Scopo Acquisito, lo porterai dalle quinte della tua coscienza (da dove ha finora diretto, in silenzio e con autorità la tua vita) alla ribalta. Nel momento in cui questo accade, sarai in grado di scegliere se voler lasciare che esso continui a condurre la tua vita o se permettere a qualcos'altro, come il tuo vero Scopo, di diventare la forza primaria.

Proprio come ognuno di noi ha il suo unico vero Scopo di Vita, così ognuno ha un solo Scopo Acquisito e scoprire quest'ultimo è importante quasi quanto chiarificare il tuo vero Scopo. Se non lo identifichi, il tuo Scopo Acquisito continuerà a dirigere lo spettacolo in silenzio da dietro le quinte e si comporterà come un sabotatore, sventando ogni tentativo di vivere secondo il tuo vero Scopo di Vita, perfino dopo che sarai riuscito a chiarificarlo.

Analizziamo ora un esempio di Scopo Acquisito, in modo da rendere più facile identificare il tuo. L'esempio che segue descrive un particolare evento della mia vita, il quale ha avuto una forte influenza sul mio Scopo Acquisito. Tuttavia, non c'è bisogno che tu analizzi tutti i momenti che hanno contribuito a creare il tuo Scopo Acquisito: non stiamo cercando i singoli istanti, bensì lo Scopo Acquisito in sé. Tuttavia, i dettagli della mia storia aiutano a chiarire come si formò il mio Scopo Acquisito.

Un momento cruciale della mia vita

Mi ricordo quel giorno molto chiaramente, anche se sono trascorsi oltre cinquant'anni da allora. Vivevo nel paesino di Rock, nel

Massachusetts; avevo sette anni e stavo trotterellando verso casa tornando da scuola in una splendida giornata primaverile di inizio maggio. Parte del mio buonumore era dovuto proprio alla bellissima giornata: in Massachusetts, la prima settimana di maggio può essere già primavera, così come possono esserci ancora dieci centimetri di neve.

Inoltre, ero in fibrillazione, perché mancavano ormai pochissimi giorni al mio compleanno. Un paio di settimane ancora ed avrei finito la scuola e già pregustavo un'estate trascorsa al sole a giocare. Mentre mi avvicinavo a casa, però, notai una lunga fila di auto nel vialetto e lungo la strada. Rallentai, mentre pensavo a quanto ciò fosse inconsueto. I miei genitori avevano raramente ospiti e di certo non in un pomeriggio infrasettimanale.

Mentre salivo le scale che portavano alla veranda, mi accorsi di un'altra cosa inconsueta: di solito, in una giornata così bella, mia madre avrebbe aperto le finestre per arieggiare la casa. Eppure, quel giorno le finestre erano tutte chiuse e gli scuri erano accostati. Stavo pensando a quanto tutto ciò fosse strano quando entrai a casa, passai dalla cucina e raggiunsi la sala da pranzo in penombra.

Feci qualche passo nel salone e lasciai che gli occhi si abituassero al cambiamento di luce. Pian piano, fui in grado di riconoscere le sagome di molti adulti e mi resi conto che non si trattava certo di una festa: nessuno rideva e neppure sorrideva. Tutto era molto sommesso e solenne.

Vidi mia madre nello stesso momento in cui lei guardò verso di me. Quando si precipitò verso di me, mi resi conto per la prima volta che qualcosa non andava per davvero: stava piangendo. Era la prima volta che la vedevo piangere. Mentre si avvicinava, sentii un nodo formarsi nel mio petto.

Appena mi raggiunse, si inginocchiò e mi abbracciò così forte da non farmi respirare. Dopo alcuni istanti, mi lasciò andare, tenendomi le mani sulle spalle e, guardandomi nel profondo degli occhi, mi disse cos'era successo:

"Si tratta di papà. È morto stamattina per un attacco di cuore."

In quel momento esatto, la mia infanzia paradisiaca iniziò a sbriciolarsi. Mio padre non si aspettava certo di morire a quarantatré anni, così ci lasciò senza particolari risparmi in banca e senza un'assicurazione sanitaria. Finimmo per traslocare dalla nostra meravigliosa casa nel New England nella Carolina del Nord, dove la famiglia di mia madre poteva assisterla nel crescere due turbolenti ragazzini. Passammo l'anno successivo in un piccolo appartamento accanto alla casa di mia nonna, al limite di ciò che era considerata la zona povera della città.

Alla fine, circa un anno dopo, ci trasferimmo nella nostra casa a Raleigh, che era tuttavia la metà della nostra casa in Massachusetts. Uno dei ricordi più vividi dei tanti anni trascorsi in quella casa, è di mia madre seduta ad una scrivania nella sala da pranzo con una pila di fatture da una parte ed un libretto degli assegni di fronte a sé. Sembrava trascorrere ore in quella posizione, preoccupandosi di come poter pagare tutte quelle fatture, senza aver abbastanza denaro.

Dall'esperienza di quegli anni tribolati il mio Scopo Acquisito divenne:

Devo essere furbo ed avere (o fingere di avere) tutte le risposte; devo lavorare sodo per guadagnare quanto più denaro possibile così non sarò povero e le persone non mi abbandoneranno.

Come la maggior parte delle persone, diventai bravissimo a lasciare che il mio Scopo Acquisito plasmasse la mia vita. Ora, non sto certo dicendo che ci sia qualcosa di sbagliato nell'essere furbo, nel lavorare sodo o nel guadagnare un sacco di soldi. Eppure, è nel momento in cui ti privi della facoltà di scegliere liberamente in merito ed il burattinaio tira i tuoi fili senza che tu nemmeno te ne renda conto, che la situazione diventa restrittiva ed auto-limitante.

In effetti, fu il mio Scopo Acquisito che mi portò quasi a suicidarmi, prima di rendermi conto che la vita non deve essere per forza una lotta.

Forse il mio esempio può esserti d'aiuto per comprendere il tuo Scopo Acquisito, oppure no. A volte scoprire il proprio Scopo Acquisito è un po' come cercare di vederti la nuca senza usare uno specchio. Prova a farlo: sai benissimo di avere una nuca e ti sembra che, se solo potessi girarti appena più in fretta, saresti in grado di scorgerla. Eppure, non importa quanto in fretta ti giri, perché non riuscirai a vederla.

Proprio come la tua nuca, il tuo Scopo Acquisito resta non visibile nelle quinte della tua coscienza per la maggior parte del tempo. Ma non preoccuparti: uno dei prossimi compiti ti aiuterà ad identificare con chiarezza il tuo Scopo Acquisito. Ma prima, giusto per darti qualche altra idea, ecco altri esempi provenienti dal lavoro svolto con alcuni clienti:

- Devo essere bravo e non cacciarmi nei guai o comunque non farmi mai scoprire;
- Mi comporterò sempre come un adolescente hippie, perennemente nei guai e non mi adeguerò mai alla società,

nell'attesa dell'"anima gemella" che placherà la mia inquietudine;
- Sono sempre insicuro, sospettoso, dubbioso; mi sottovaluto e mi metto i bastoni tra le ruote da solo;
- Devo avere successo ad ogni costo, cambiare il mondo aiutando gli altri, essere felice e restare sempre a galla.

Anche parlare con i tuoi genitori o fratelli e sorelle può esserti d'aiuto. Queste persone, infatti, possono avere delle intuizioni riguardanti il tuo Scopo Acquisito, visto che per loro è più facile "vedere la tua nuca" di quanto lo sia per te. Puoi chiedere loro quali schemi ricorrenti hanno notato nella tua vita.

In preparazione al prossimo esercizio, poniti questa domanda:

Quale cosa basata sulla paura, un senso di mancanza e il bisogno di lottare ha determinato la tua vita?

Scrivi la tua prima descrizione di ciò che è il tuo Scopo Acquisito. Lavoreremo insieme nella prossima sezione per portarlo completamente alla luce.

Ho la sensazione che il mio Scopo Acquisito o il leitmotiv che ha segnato la mia vita sia:

Impara a entrare in contatto con il silenzio dentro di te, e sapere che tutto nella vita ha uno Scopo. Non ci sono errori, né coincidenze, tutti gli eventi sono benedizioni donateci per imparare.

Elizabeth Kubler-Ross

L'unicità dello Scopo Acquisito

Poiché ognuno di noi ha avuto esperienze diverse durante i suoi anni formativi e poiché tutti diamo un significato personale a ciò che ci è successo, ciò che si è formato da queste esperienze - ossia il nostro Scopo Acquisito - è indiscutibilmente unico. Questo fatto mi divenne chiaro qualche anno fa, quando uno dei coach del Life on Purpose Institute tenne una serie di seminari per alcune settimane in Canada. Al seminario presenziavano due gemelle: si trattava di due donne nate dagli stessi genitori quasi allo stesso momento e cresciute nello stesso ambiente. Eppure, quando scoprirono i loro scopi acquisiti, si resero conto che questi erano piuttosto diversi l'uno dall'altro ed unici, perché diverso era stato il significato che ognuna di loro aveva attribuito a ciò che avevano vissuto.

Allo stesso tempo, però, come analizzeremo più avanti, ci sono determinati schemi che si ripetono nello Scopo Acquisito delle persone.

SCOPRIRE IL MAGO CHE HA DETERMINATO LA TUA VITA DA DIETRO LE QUINTE

Abbiamo acquisito le nostre emozioni istintive da un mondo molto più pericoloso, e per questo esse contengono una quantità di paura maggiore di quanto dovrebbero.

Bertrand Russell

Più riuscirai a portare il tuo Scopo Acquisito allo scoperto e meno potere esso avrà sulla tua vita. Mentre proseguiamo in questo capitolo nell'identificazione del tuo Scopo ereditario, tieni a mente la storia del *l Mago di Oz*.

Il mago spaventava Dorothy ed i suoi amici: Per questo motivo e nel disperato tentativo di aiutare la ragazza a tornare a casa, essi seguono i suoi ordini girando per tutto Oz alla ricerca della scopa della strega. Fino a quando Toto, il cagnolino di Dorothy, rivelò che il mago altro non era se non un omino che si nascondeva dietro una tenda e che usava fumo e specchi per amplificare la sua statura.

Questa sezione del libro agirà come Toto e ti porterà a tirare la tenda sul "mago" del tuo passato, ossia quelle forze invisibili e inconsce che hanno determinato la tua vita finora.

Inizieremo guardando un film: il film della tua vita.

Passo n. 1: guarda il film della tua vita

Partendo dai tuoi primi ricordi, inizia a guardare il film della tua vita. Immagina di essere un critico cinematografico seduto nella sala buia di un cinema che sta guardando *La vita di* _____ *(tu)*. Il tuo compito alla fine del film sarà scrivere una recensione. Prenditi alcuni minuti per guardare il film della tua vita.

Passo n. 2: crea uno schema della tua vita

Dopo aver rivisto i maggiori eventi della tua vita, disegna una linea di vita a rappresentazione della tua storia. Prendi un foglio di carta e disegna una linea che lo attraversi al centro, dall'alto in basso. Iniziando dai momenti più lontani nel tempo, scrivi gli eventi cruciali ed i momenti fondamentali, quelli minori e quelli importanti, che hanno determinato la tua vita. Scrivi i momenti migliori sul lato destro e quelli peggiori sulla sinistra.

Passo n. 3: confronta i passaggi precedenti

Ora, metti insieme le informazioni raccolte nei passaggi precedenti e rispondi alla domanda:

Qual è il tema principale del film?

Mentre guardavi il film e disegnavi la linea della tua vita, qual era il tema della tua storia? Ogni film e così ogni vita ha il suo filo conduttore: un ragazzo incontra una ragazza, la perde, poi la riconquista... e così via. Qual è il tuo? Scrivi la prima bozza come se stessi scrivendo una recensione.

Il tema del mio film è:

Passo n. 4: le caratteristiche dello Scopo Acquisito
Ripassiamo le caratteristiche proprie di uno Scopo Acquisito. Esso:

- si basa sulla paura e sulla necessità di sopravvivere
- ti lascia insoddisfatto e con la domanda "È tutto qui?"
- è un fenomeno che resta sullo sfondo
- è un meccanismo automatico

Ripensa al tema della tua vita con queste caratteristiche in mente.

Per riuscire a stabilire quale forza basata sulla paura, sulla mancanza e nella lotta per la sopravvivenza abbia determinato la tua vita fino ad oggi, riguarda la tua linea della vita e soprattutto la colonna sinistra, ossia quella contenente i tuoi insuccessi e le maggiori sfide della tua vita. Quale significato dai loro e in che modo hanno determinato la tua vita questi avvenimenti? Riflettici prima di andare al paragrafo successivo.

Passo n. 5: definisci il tuo Scopo Acquisito
Definisci il tuo Scopo Acquisito con semplicità e scrivi una frase o un breve paragrafo in merito. Vedi se riesci a scriverlo usando il linguaggio di un bambino, visto che l'infanzia è il momento in cui il tuo Scopo Acquisito si è formato.

Potresti iniziare la tua definizione usando uno dei seguenti suggerimenti:

- *Secondo il mio Scopo Acquisito, devo...*
- *Secondo il mio Scopo Acquisito, ho l'obbligo di...*
- *Secondo il mio Scopo Acquisito, non devo/posso...*

(Ad esempio: Non posso far vedere quanto io sia sveglio o gli altri penseranno che voglia darmi delle arie e non vorranno più avere a che fare con me)

Passo n. 6: prenditi una pausa
Lascia da parte la definizione del tuo Scopo Acquisito per un po', diciamo una settimana. Lascialo decantare nel tuo subconscio per alcuni giorni.

Passo n. 7: rifinisci il tuo Scopo Acquisito

Passati alcuni giorni, riprendi in mano la tua definizione e riguardala: c'è qualcosa che manca e che vorresti aggiungere? Ha tutte le caratteristiche di uno Scopo Acquisito: è basato sulla paura sulla necessità di sopravvivere; ti lascia insoddisfatto e irrealizzato; è trasparente e rimane sullo sfondo; dirige la tua vita ogni qual volta sei in modalità "pilota automatico"? Se la risposta non è sì, riscrivilo fino a quando soddisferà queste caratteristiche.

Ricordati: il tuo Scopo Acquisito non è il tuo vero io, bensì ciò che è stato mascherato come verità. Finora, hai vissuto come se ci fosse stato uno scambio di identità.

Succede spesso che le persone inizino a sentirsi in colpa o a disagio quando identificano il loro Scopo Acquisito. Nonostante ciò sia normale, il nostro metodo di coaching serve proprio a cogliere queste sensazioni in tempo per non farle andare in quella direzione.

Spesso le persone vogliono sapere come fare per potersi sbarazzare del loro Scopo Acquisito o per aggiustarlo. Eppure, più gli opponi resistenza, più esso persiste e più continua a dirigere la tua vita. Per questo, invece di cercare di sbarazzartene, è decisamente meglio abbracciarlo e farselo amico. Arthur Miller riesce a dirlo con parole migliori delle mie nel suo dramma *Dopo la caduta*:

> Penso che sia un errore cercare speranza al di fuori di noi stessi. Un giorno casa nostra odora di pane appena sfornato e quello dopo di fumo e sangue. Un giorno svieni perché il giardiniere si è tagliato un dito e una settimana dopo ti arrampichi sui cadaveri dei bambini morti durante i bombardamenti sulla metropolitana. Quale speranza può esserci se le cose vanno così? Ho cercato di morire verso la fine della guerra. Lo stesso sogno mi perseguitava ogni notte finché non osai più dormire e mi ammalai.
> Continuavo a sognare un bambino e mi rendevo conto che si trattava della mia vita, ma era un bambino idiota, così io cercavo di sfuggirgli. Eppure riusciva sempre a riprendermi e a strisciarmi in braccio tenendosi ai miei abiti. Un giorno pensai che, se fossi riuscito baciarlo, a dare un bacio a ciò che in lui era parte di me, forse sarei riuscito a dormire di nuovo. Così mi piegai verso il suo viso disfatto

ed era orribile... ma lo baciai. Penso che si debba prendere la propria vita in braccio ad un certo punto.

Che forma ha la tua ruota della vita?

Torniamo per un attimo all'esercizio della ruota della vita. Che cosa hai imparato da questo esercizio? Riguarda brevemente la ruota che hai disegnato: era bilanciata o no? Se questa ruota fosse montata sulla tua auto, ti sentiresti a tuo agio a trasportare i tuoi cari attraverso il paese?

Puoi imparare davvero molto da questo esercizio se ti prendi il tempo necessario ed ecco su cosa puoi riflettere: la sua forma è la rappresentazione della tua vita come risultato del tuo Scopo Acquisito. Guardando alla tua vita in questa prospettiva, cosa noti?

La buona notizia è che, non importa quale aspetto abbia oggi la tua vita, perché essa può essere ridisegnata con qualsiasi forma tu desideri darle. Torneremo alla ruota della vita più tardi per vedere quale forma vorresti darle.

In preparazione alla prossima tappa, pensa a come sei oggi e al fatto che tu non conosca con certezza il tuo Scopo di Vita. Rifletti sulla seguente domanda:

Quali sono stati gli ostacoli, reali o immaginari, gli sbarramenti e gli impedimenti nella chiarificazione del tuo Scopo di Vita? Trovane quanti più riesci.

APPROFONDIRE LA CONSAPEVOLEZZA DEL TUO SCOPO ACQUISITO

Una delle parti più originali e potenti del processo Life on Purpose è l'identificazione dello Scopo Acquisito. Più chiaramente riuscirai a comprenderlo e più facile sarà scoprire quando entra in azione. Questo è un momento di vitale importanza in cui puoi scegliere di lasciare che sia il tuo Scopo Acquisito a continuare nel suo intento di determinare la tua vita, oppure puoi decidere di rivolgerti al tuo vero Scopo.

Procedendo in questo importantissimo lavoro e diventando più chiaro riguardo al tuo Scopo Acquisito, creerai nuovo spazio per la tua crescita personale e per la tua nuova vita con uno Scopo. In questo capitolo, andremo ad esplorare nuove vie che ti porteranno infine ad una conoscenza perfezionata di te stesso, grazie proprio all'identificazione di ciò che hai erroneamente pensato fosse il tuo vero sé.

La capacità di limitarti del tuo Scopo Acquisito

Nonostante sia facile e in qualche modo normale guardare al tuo Scopo Acquisito come ad un nemico o relazionarsi ad esso come se fosse qualcosa di sbagliato, questo non è tuttavia l'atteggiamento corretto. Come dice il detto: "Ciò a cui resisti, persiste" ed è proprio quello che succede con il tuo Scopo Acquisito: una delle sue caratteristiche principali, infatti, è quella di porti dei limiti, con la conseguenza di circoscrivere lo spazio a tua disposizione per esprimere chi sei.

Immagina la tua vita come una magnifica sinfonia pronta per essere suonata da un'orchestra di archi, ottoni, legni e percussioni. Finché il tuo Scopo Acquisito continua a tirare i fili, però, tutto ciò che riesci a sentire è l'ottavino, perché la tua vita resta come imbavagliata.

In altre parole, non c'è possibilità di scelta quando si ha a che fare con il nostro Scopo Acquisito. Infatti, quando è lui a dirigere l'orchestra, sembra che quello sia l'unico modo possibile di farlo. Non c'è libertà di scelta. Puoi intuire questo suo lato se fai cominciare la definizione del tuo Scopo Acquisito con queste parole: *Secondo il mio Scopo Acquisito non posso/ devo/non farò mai...* e così via. Il tuo Scopo Acquisito ti mantiene confinato in una scatolina con ben poco spazio per crescere.

La paura e la reazione ad essa

Cerchiamo ora di guardare allo Scopo Acquisito da un altro punto di vista e di studiarne la struttura. Di solito, lo Scopo Acquisito è composto dalle due seguenti parti:

1. Una profonda eppur indistinta paura di fondo, che può essere descritta come una "frattura nel senso di appartenenza". All'inizio viviamo come bambini, sentendoci naturalmente al sicuro e parte della vita. Ad un certo punto però, arriva qualcosa a scuotere il nostro mondo: a volte si tratta di un singolo evento, a volte di una serie di fatti che si accumulano. Quando ciò succede, non ci sentiamo più al sicuro, né ci sentiamo parte dell'Universo. In quel momento, viene messo in discussione chi siamo veramente e questo porta ad una mancanza di *essere*.

Ad esempio, poco dopo la morte di mio padre, ricevemmo la visita di una vicina affezionata. Ad un certo punto e con l'intenzione di consolarmi, si chinò verso di me e mi disse: "Vedi, dovrai semplicemente essere tu l'uomo di casa ora". Una frase innocente, no? Quante volte abbiamo sentito un'affermazione simile? Eppure mi tremò la terra sotto i piedi in quel momento. Io? Essere l'uomo di casa? Mio padre era stato come un dio per me! La mia sicurezza dipendeva da lui e da mamma. Non potevo essere lui! Ero troppo piccolo e sicuramente non abbastanza forte. Cosa dovevo fare?

2. A questo segue ciò che si forma come reazione a quella paura, ossia la reazione alla mancanza di *essere*. In altre parole, per compensare questa mancanza, ci "inventiamo" delle cose. Questo non avviene consciamente, bensì ad un livello inconscio, sullo sfondo della nostra consapevolezza. Domandati cosa ad un certo punto hai deciso che saresti dovuto diventare o che avresti dovuto fare per gestire la paura.

Ad esempio, torniamo al mio Scopo Acquisito, che è: devo essere furbo ed avere (o fingere di avere) tutte le risposte; devo lavorare sodo per guadagnare quanto più denaro possibile così non sarò povero e le persone non mi abbandoneranno. "Devo essere furbo ed avere tutte le risposte e lavorare sodo" è la reazione alla paura di "essere povero e venire lasciato dagli altri". Negli anni seguenti alla morte di mio padre mi sentivo abbandonato: mio padre non c'era più ed in qualche modo neppure mia madre, la quale doveva lavorare a tempo pieno, invece di poter stare a casa con noi. Inoltre, la nostra situazione finanziaria era tale da farci costantemente vivere con la paura di non avere abbastanza di niente.

La cosa interessante è che non è davvero indispensabile identificare il momento esatto in cui ti sei sentito insicuro o non più parte del mondo per trovare il tuo Scopo Acquisito. Semplicemente sapere che quel momento è esistito è sufficiente. Non appena avrai accettato questo, prova a guardare al quadro di insieme della tua infanzia: cerca i temi o il significato generale che hai dato a ciò che ti è successo, specialmente nei momenti in cui ti sei sentito in pericolo. Il tuo Scopo Acquisito emergerà proprio da lì.

Temi ricorrenti dello Scopo Acquisito

Ci sono diversi temi ricorrenti nello Scopo Acquisito di ogni persona ed alcuni hanno a che fare con le nostre relazioni. Eccone alcuni:

- Paura di essere abbandonato: la continua paura di venire lasciato da solo, il pensiero "Mi lascerai ed io rimarrò da solo" e così via.
- Paura relativa alla mancanza o alla privazione: timore che i tuoi bisogni non vengano soddisfatti, il pensiero "Non ce la farò mai, sarò povero".
- Paura di non essere in grado di lottare per te stesso: "Non riesco mai a prendere posizione per ciò che voglio" o "Devo seguire ciò che vogliono gli altri".
- Paura della fiducia: "Non fidarti degli altri o verrai tradito".
- Paura di non essere degno di essere amato: "Non ne sono degno, nessuno mi amerà se...".

Ecco alcuni temi comuni riguardanti l'idea che abbiamo del mondo:

- Paura di essere escluso: "Non ne faccio parte, non sono adatto" e così via.
- Paura di essere vulnerabile: "Il mondo è pericoloso e succederà qualcosa di terribile" e così via.
- Paura del fallimento: "Mi sento un fallimento, non ce la farò mai" e così via.
- Paura di essere immeritevole, conosciuta anche come sindrome dell'impostore: "Non me lo merito" o "Se gli altri sapessero chi sono per davvero, si renderebbero conto che sono un imbroglione".
- Paura della necessità di essere perfetti: "Devo essere impeccabile ma, nonostante tutti i miei sforzi, non lo sarò mai."
- Diritto acquisito: "Le regole non mi riguardano perché io sono diverso, sono l'eccezione".

Con questi nuovi pensieri in mente, torna alla definizione del tuo Scopo Acquisito e vedi se ci sono cambiamenti da fare, in modo da coglierne più chiaramente l'essenza. Cerca anche le più piccole sfumature e qualsiasi punto correlato che vorresti aggiungere, il quale potrebbe aiutarti a diventare maggiormente responsabile del tuo Scopo Acquisito.

Ad esempio, molti anni dopo aver determinato il mio Scopo Acquisito ed averci lavorato a lungo per diventarne responsabile, ho avuto una nuova intuizione, che mi arrivò mentre stavo lavorando al programma pilota di una versione modificata del metodo Life on Purpose, adattato alle esigenze degli adolescenti, in particolare i ragazzi della scuola dove studiava nostra figlia Amber.

Mentre scrivevo la comunicazione da spedire ai genitori dei ragazzi, decisi di sorvolare sul "dettaglio" che si trattasse di un programma pilota, temendo che questo avrebbe portato alcuni genitori a non lasciare partecipare i loro figli. Pensai semplicemente che avrei potuto tralasciare quel punto.

Non me ne resi conto fino al giorno in cui un genitore mi chiese maggiori informazioni. D'un tratto, realizzai che era stato il mio Scopo Acquisito a determinare la mia vita, in particolare il suo aspetto sottile riguardante la necessità di essere furbo e addirittura elusivo a volte. Ora sono nel mezzo del processo di cogliere ogni momento in cui mi comporto nello stesso modo, per capire come poter cambiare atteggiamento ed essere invece di supporto. Così facendo, sto raggiungendo un nuovo livello di autenticità ed integrità.

GLI OSTACOLI SULLA VIA CHE PORTA ALLA CHIARIFICAZIONE DEL TUO VERO SCOPO

Ora ci concentreremo sugli ostacoli fittizi che impediscono spesso alle persone di determinare e vivere secondo il loro Scopo di Vita. Anche se non li esamineremo tutti, analizzeremo abbastanza esempi per aiutarti a trovare gli ostacoli che potresti aver creato per te stesso.

Questi ostacoli esistono in diverse forme e dimensioni. Ad esempio, se sei cresciuto in una famiglia dove l'idea di avere uno Scopo nella vita non è mai stata presa in considerazione, già questa mancanza può essere vista come uno sbarramento.

Come già detto, anche la percezione stessa del nostro Scopo di Vita può diventare un ostacolo, soprattutto se consideriamo la nostra carriera o il nostro ruolo come il nostro Scopo di Vita.

In questo capitolo analizzeremo alcuni ostacoli comuni, ma non scontati, che puoi incontrare sulla via per conoscere e vivere secondo il tuo Scopo. Prova a vedere quali hai già incontrato.

Dove trovi uno Scopo di Vita?

Molte persone passano la maggior parte, se non addirittura la loro vita intera, alla ricerca del loro Scopo di Vita. Nonostante guardino ovunque, sembrano non essere in grado di trovarlo. Eppure, spendono tantissimo tempo ed energia nella ricerca. Alcune trascorrono almeno tanto tempo parlando della loro ricerca, di quanto ne usino per la ricerca stessa. Ti ricorda qualcuno che conosci?

Trovarsi bloccati in ciò che chiamo la "modalità di ricerca infinita" può presentarsi sotto diverse forme.

Alcuni cercano significato e Scopo per la loro vita attraverso le relazioni che hanno con gli altri; spesso, succede che queste persone abbiano una lunga lista di relazioni fallite con persone che sembravano poter completare la loro vita ed essere il loro Scopo, ma che non potevano di certo esserlo.

La "modalità di ricerca infinita" può portare altri a viaggiare per tutto il mondo, cercando significato e Scopo nel luogo dove vivono. Ogni volta che si spostano in un altro posto, si chiedono: "È qui che troverò la vera felicità e sarò soddisfatto?" Probabilmente, anche se all'inizio la nuova località offre speranza, non passerà molto prima che diventi come quella precedente.

Altri ancora cambiano lavoro di continuo. Queste persone hanno spesso un curriculum che sembra un romanzo russo. Quando dissi questo ad una mia cliente che non aveva ancora nemmeno compiuto trent'anni, sobbalzò e disse: "Ma sono io! Il mio curriculum è più di dodici pagine e sono talmente imbarazzata dal numero di lavori che ho fatto, da non averli inclusi tutti."

La "modalità di ricerca infinita" ha forse agito come un ostacolo nell'identificazione del tuo Scopo di Vita?

Una domanda che rimane spesso senza risposta è:

E se il mio Scopo di Vita non fosse là fuori in attesa di essere scoperto o dissotterrato?

Certo, ma se non è là fuori, dove si trova? Questa è una domanda sulla quale vale la pena di soffermarsi un po' più a lungo.

"E se fosse lo Scopo di Vita sbagliato?"

Questo l'ho sentito dire da tantissime persone, le quali spendono molto tempo cercando di trovare lo Scopo di Vita "giusto", anche se non sembrano poi trovarlo mai. Dopotutto, se abbiamo una sola vita (concetto sul quale potremmo discutere, ma in altra sede), non sarebbe forse una vergogna scegliere lo Scopo di Vita sbagliato?

Se esiste dunque un solo Scopo di Vita che sia giusto per ogni singolo individuo, cosa significa questo? Risposta: che devono esistere anche moltissimi scopi sbagliati. Non sarebbe davvero un peccato quindi, se scegliessi finalmente il tuo Scopo di Vita e vivessi secondo esso per buona parte della tua vita, fino al giorno in cui dovessi scoprire che non si trattava veramente del tuo Scopo, bensì di quello del tuo vicino di casa?

Tutto ciò può sembrarti sciocco, oppure potrebbe smuovere qualcosa dentro di te. Ad ogni modo, considera il fatto che uno Scopo di Vita non va categorizzato secondo ciò che è giusto o sbagliato. In altre parole, forse non esiste nemmeno la possibilità di avere uno Scopo giusto o di averne uno sbagliato e, se questo è vero, cercare il tuo "vero" Scopo di Vita può essere una perdita di tempo ed un ulteriore ostacolo.

Questi primi ostacoli si presentano spesso insieme, quando si rimane bloccati nella "modalità di ricerca infinita" volendo trovare il proprio "giusto" Scopo di Vita. Riesci a vedere come questo potrebbe davvero bloccare qualcuno nell'identificazione e piena applicazione del loro Scopo di Vita?

"Prima devo rimettere in sesto la mia vita"

Questa è un'illusione comune a moltissime persone, che aspettano che la loro vita sia priva di problemi. Sai di cosa parlo: aspettano che arrivi il loro momento, quando avranno abbastanza denaro, così potranno lasciare il loro lavoro e vivere la loro vita con uno Scopo. A volte pensano di dover tornare a scuola, ottenere un titolo di studio adatto o incontrare il partner giusto. Puoi citare quanti esempi vuoi. C'è sempre qualcosa che devono fare *prima*.

Se fai parte di questa categoria, ecco uno spunto di riflessione dal tuo coach: considera che ti sarà possibile occuparti di ciò che ti impedisce di determinare il tuo Scopo di Vita, solo quando conoscerai il tuo Scopo di Vita stesso. Se vuoi che la tua vita funzioni, lasciati andare e fa' sì che il resto della tua vita non riguardi il voler farla funzionare. Paradossale?

Forse, ma ti prego di rifletterci lo stesso.

Molto simile al precedente è l'idea che tu abbia bisogno di cambiare qualcosa che riguarda te stesso, prima di poter perseguire il tuo Scopo di Vita. Potresti trovarti a pensare: "Non sono abbastanza brava" o "Sono troppo giovane, non sono abbastanza intelligente, istruito, ricco" o " Sono troppo vecchia, stupida, povera". Nessuna di queste affermazioni è vera: si tratta solo di scuse che ci raccontiamo per mantenerci piccoli e mediocri. Tutti possono vivere una vita con uno Scopo e, come disse Martin Luther King:

> Ognuno di noi può essere eccezionale perché tutti possono essere d'aiuto e per questo non si ha certo bisogno di una laurea. Non c'è bisogno di concordare il soggetto con il verbo per essere d'aiuto... Non serve conoscere la seconda legge della termodinamica per essere d'aiuto. Tutto che ciò serve è un cuore pieno di grazia ed un'anima generata dall'amore.

La sindrome da "Chi accumula più giocattoli, vince"

Purtroppo, nella nostra cultura occidentale sono in molti a credere che si possa trovare significato e Scopo per la propria vita accumulando più cose. L'ossessione riguardante il *possedere* è un tipico effetto collaterale dell'essere finiti fuori strada. Tuttavia, le cose in sé non portano ad avere una vita soddisfacente.

Accumulare possessioni materiali (le "cose" o la "roba") non nutre l'anima. Non importa davvero quante cose tu riesca ad accumulare, perché queste non potranno mai soddisfare la tua natura spirituale. Queste cose sono come cibo-spazzatura per l'anima e, proprio come tale cibo non nutre il tuo corpo, così queste non lo fanno con la tua anima.

Accumulare sempre più cose, insieme all'eterno tentativo di mantenere un certo status quo, può diventare un circolo vizioso. Se pensi che gli oggetti possano aggiungere significato alla tua vita, allora questo pensiero determinerà la tua vita e tutto ciò che importa sarà avere quanti più giocattoli possibili. Se l'auto nuova non ti rende felice, pensi che una casa nuova potrebbe, quindi inizi a risparmiare e lavorare di più per poterti comprare la casa. Eppure, quando riesci finalmente ad averla, ti ritrovi comunque insoddisfatto. Così vedi uno spot alla televisione, nel quale ci sono tante persone felici sulle spiagge delle Bahamas e pensi che una vacanza esotica potrebbe renderti felice e forse, per un po' è pure così, proprio come il cibo-spazzatura dà la sensazione di essere sazi.

Ad un certo punto scopri che essere sazio non è lo stesso che essere nutrito. Scopri anche che hai superato il limite delle tue carte di credito acquistando quella vacanza esotica. Il circolo vizioso va avanti così. Infatti, per quanto tu ti possa alimentare con il tipo sbagliato di cibo, non nutrirai mai la tua anima per davvero. Il *fare* e l'*avere* in sé non sono gli ingredienti chiave di una vita che ti faccia sentire soddisfatto e realizzato. E tutto questo ci porta al seguente ostacolo.

"Cosa c'è di sbagliato nel fare un sacco di soldi?"

Nessuno ha detto che ci sia niente di sbagliato in merito. In realtà, molte persone abbienti hanno condotto delle vite straordinarie con uno Scopo e di grande contributo per la società.

Quello che intendo è che il guadagnare tanti soldi in sé diviene un obiettivo superficiale e che non dà vera soddisfazione. Purtroppo, molte generazioni di americani lo hanno dovuto imparare a proprie spese; d'altra parte, molte di queste stesse persone si stanno risvegliando dal grande sogno americano, poiché si sono rese conto di come esso fosse diventato un incubo. Migliaia, se non milioni di americani stanno ridimensionando le loro vite, riprendendosi il tempo e la libertà di cercare una vita più significativa e soddisfacente.

Molti dei miei clienti sono nati nel periodo del baby boom immediatamente successivo alla guerra; spesso si rivolgono a me perché esauriti, nonostante il loro successo. Purtroppo, molti di loro sono stati così concentrati sul loro successo economico, da aver trascurato altre aree della loro vita. Una di queste clienti (la chiameremo Andrea) venne da me su raccomandazione di un conoscente. Era una donna di grandissimo successo, guadagnava grandi cifre ed amava il suo lavoro - tranne che per un dettaglio: tutto questo stava letteralmente divorando la sua vita. Durante la nostra prima seduta mi disse: "Ogni volta che sono al lavoro mi sento in colpa per non essere a casa con i miei figli e, ogni volta che sono a casa, mi sento in colpa per il lavoro che non sto svolgendo." Oltre a tutto ciò, si era allontanata dalle sue radici spirituali cristiane, alle quali voleva riavvicinarsi.

Ci sono altri ostacoli ingegnosi che possono essere usati per impedire a noi stessi di determinare il nostro Scopo di Vita. Se non sai quale sia il tuo Scopo a questo punto, accetta semplicemente che un qualche tipo di blocco - anche se non necessariamente uno di quelli citati finora - ti ha trattenuto dal farlo. Potresti anche dire: "Non mi ero mai reso conto di quanto fosse importante avere uno Scopo nella vita fino ad ora". Va bene così, perché ora puoi andare avanti.

Chiamata all'azione

Se non usiamo il metodo chi-cerca-trova per determinare e chiarificare lo Scopo di Vita ma, allo stesso tempo, consideriamo trovare il nostro Scopo qualcosa di grande valore, quale approccio possiamo dunque usare?

Condividere con uno Scopo

Identifica due o tre persone con le quali tu possa parlare onestamente e condividi con loro ciò che hai imparato durante il processo fino ad oggi. Non devi parlare della stessa cosa con tutte le persone, puoi benissimo scegliere uno o più argomenti diversi da condividere con ogni persona. Cerca di evitare di parlare di cosa sia uno Scopo di Vita, del coaching e del metodo Life on Purpose in maniera generica. Nonostante possa andare bene anche quello, cerca tuttavia di condividere con sincerità i tuoi pensieri, le tue sensazioni ed intuizioni e le domande che sono sorte finora.

Un problema con uno Scopo

Iniziando a chiarificare il tuo Scopo, inizierai pure a creare un nuovo problema. È un buon problema, ma pur sempre un problema. Di cosa si tratta? Alla fine del processo Life on Purpose, ti sarà perfettamente chiaro quale sia il tuo Scopo di Vita, la coscienza del quale creerà un nuovo problema. Quale pensi che sarà?

I BOOMER AL PASSAGGIO #3

Barbara Boomer scopre il suo Scopo Acquisito:
Dopo i concetti ispiranti del Passaggio #2, il Passaggio #3 è stato tremendo. A dir la verità, mi sono resa conto di aver fatto di tutto per evitare di svolgere i compiti, almeno fino a quando il mio coach non mi ha ricordato che il mio Scopo Acquisito non aveva nessun interesse nel farsi scoprire ed avrebbe usato qualsiasi trucco pur di tenermi lontana. Allora mi sono messa sotto.

Il film della mia vita è stato particolarmente rivelatore e ne ho scoperto il filo conduttore: da ragazzina dovevo sempre scoprire cosa si aspettassero da me gli uomini che facevano parte della mia vita e poi fare tutto ciò che potevo per esserne all'altezza. Posso dire con sicurezza che questo modo di pensare deriva dall'aver osservato mia madre e mio padre. Infatti, nonostante sembrassero essere felicemente sposati e si occupassero con affetto di noi bambini, mio padre era chiaramente il capofamiglia e ciò che diceva lui era legge. Anche se mia madre non mi disse mai che il mio ruolo di donna stava nel rendere il mio uomo e la sua prole felici, questo è il messaggio che ho imparato dall'osservarla.

Quindi, il mio Scopo Acquisito (o almeno finora) è "Devo fare qualsiasi cosa ci si aspetti da me se voglio essere amata ed accettata".

Lo Scopo Acquisito di Bob Boomer:
"I veri uomini non piangono". So che è un luogo

comune, ma questo è come sono cresciuto. Mio padre era un uomo duro. Non ricordo di averlo mai visto piangere o, per quel che importa, nemmeno mostrare altre emozioni oltre alla rabbia e a volte addirittura al furore. In realtà, nonostante la sua istruzione limitata, ha sempre provveduto alla famiglia; tuttavia, la sua vita era il suo lavoro ed il suo lavoro era la sua vita. Detto ciò, non è sorprendente che il mio Scopo Acquisito sia diventato: "Devo provvedere ai bisogni della mia famiglia ad ogni costo, non devo mostrare i miei sentimenti in nessun caso perché, se lo faccio, gli altri penseranno che sono una femminuccia".

PASSAGGIO #4

CHIARIFICARE E RIFINIRE IL TUO SCOPO DIVINAMENTE ISPIRATO

IL PONTE CHE PORTA ALLA TERRA DEL PARADOSSO

Il nostro lavoro finora è stato volto a smascherare abbastanza blocchi, miti, pregiudizi e lo Scopo Acquisito, in modo da poter iniziare il vero lavoro: chiarificare il tuo "vero" Scopo di Vita. Per ora useremo la parola "vero", anche se la sostituiremo presto con una più accurata definizione.

In questo momento è indubbiamente chiaro che ciò che ha determinato la tua vita fino ad oggi non è certo il contesto costruttivo né quello più dinamico. Dopo aver sgombrato la strada da alcuni dei detriti che impedivano il cammino, come procediamo ora nel determinare uno Scopo di Vita? In verità, esistono diverse modalità.

Quella che consiglio io non è l'unica via possibile, né intende invalidare nessun altro approccio. Raccomando questo metodo particolare perché ho scoperto attraverso la mia esperienza diretta ed il lavoro con migliaia di persone, che esso dà la massima resa per il tempo e l'impegno investitovi. In altre parole: *funziona!*

La terra dei paradossi

Come preparazione alla prossima fase di coaching nel metodo Life on Purpose, andiamo ora a creare un ponte che ci porterà fuori dalla terra dello Scopo Acquisito, per arrivare a quella dei paradossi, ossia il luogo di nascita del tuo vero Scopo.

Per prepararci alla prossima tappa, vorrei condividere con te un aforisma Zen:

Troverai due leoni a guardia delle porte dell'illuminazione: uno è il leone del

Paradosso, l'altro è il leone della Confusione.

Procedendo sul Cammino, la misura in cui permetterai a te stesso di stare a contatto con i paradossi che incontreremo e quella in cui riuscirai a stare in uno stato di confusione, determineranno in maniera proporzionale quanto efficacemente affronterai questa tappa. Detta in un altro modo, la confusione è uno stato di coscienza del tutto normale a questo punto.

Esploreremo diverse questioni in questa tappa: ne inizieremo una, ne prenderemo le distanze, la lasceremo in sospeso e ne inizieremo una nuova. Pensa ad ogni questione come ad un filo nella trama di un arazzo che stiamo tessendo e quella è in effetti l'intenzione: alla fine, tutti i fili si riuniranno in un motivo comune.

.Qual è questo motivo comune? Ecco, in un certo senso abbiamo l'intenzione di rispondere ad una domanda posta in precedenza:

Se non useremo la "modalità di ricerca infinita" per chiarificare il tuo Scopo di Vita, di cosa potremmo avvalerci?

Ti chiedo di tenere a mente questa domanda. Inoltre, mentre rispondiamo a questa domanda, getteremo le fondamenta sulle quali potremo costruire in seguito, quando arriveremo al secondo stadio del processo, ossia quello che riguarda il vivere secondo il tuo Scopo.

Ora, vediamo se riesci a trovare questo luogo sulla mappa. Ma non si tratta di una mappa qualsiasi, bensì della...

Mappa del Kosmo

Sono venuto a contatto con questo concetto per la prima volta leggendo le opere del noto filosofo, pensatore d'avanguardia e autore Ken Wilber. In particolare, queste informazioni vengono dal suo libro *Una teoria del tutto*. Il modello di Wilber inizia con la mappatura del Kosmos, che è da lui definito come il tutto e la totalità dell'universo, ciò che è fisico e ciò che non lo è. (Vedi diagramma della mappa dei quattro quadranti sotto.)

I due quadranti a destra descrivono i livelli fisici dell'esistenza ed i due a sinistra quelli metafisici. Puoi definire ulteriormente ogni riquadro come segue:

- Il quadrante Superiore Destro rappresenta l'esistenza fisica dell'individuo, il corpo fisico e tutti i livelli che lo rendono tale.
- Il quadrante Inferiore Destro rappresenta ciò che è fisico oltre l'individuo, come la Terra, l'ambiente e le strutture sociali.
- Il quadrante Superiore Sinistro rappresenta gli aspetti non fisici dell'individuo, la loro essenza, la coscienza ed il sé.
- Il quadrante Inferiore Sinistro rappresenta gli aspetti non fisici, tutto quello che va oltre l'individuo, come le nostre culture e visioni del mondo.

Il lato destro è costituito dalle componenti del mondo fisico e contiene gli atomi, le molecole, le cellule, gli organi e così via, includendo tutto ciò che costituisce il tuo corpo fisico e il corpo dell'universo fisico. Il lato metafisico della matrice consiste dei pensieri e delle sensazioni che formano l'universo non fisico. Il lato sinistro è pure la terra dei paradossi con uno Scopo.

I paradossi con uno Scopo

Visto che stiamo per entrare in una zona lungo il Cammino dove i paradossi abbondano, analizziamo ora brevemente la natura dei paradossi.

Come Gregg Levoy dice nel suo libro *Callings: Finding and Following an Authentic Life*:

> Nella nostra epoca, l'eroismo può essere ridefinito come l'abilità di tollerare il paradosso, di abbracciare forze apparentemente opposte senza rigettarne l'una o l'altra per il puro sollievo di farlo, e di capire che la vita è la partita giocata tra due pali della porta paradossali. Vincere va bene e così perdere; la libertà va bene e così l'autorità; avere e donare; azione e inerzia; sesso e celibato; guadagno e spesa; coraggio e paura... L'uno non annulla l'altro, perché entrambi sono veri.

Un paradosso è definito come qualcosa che sembra contraddire se stesso, come due frasi che affermano cose opposte, rimanendo entrambe vere. Si tratta dunque di un'affermazione che contraddice se stessa, creando tuttavia una Verità.

Ecco qualcosa su cui riflettere: se nel Kosmo esiste la Verità, uno dei luoghi più interessanti per trovarla è sicuramente un paradosso, perché esso contiene verità composite. A volte, come essere umani, tendiamo a guardare le cose come bianche e/o nere e ci sentiamo a disagio se due cose sono vere allo stesso tempo. Vorremmo che tutto andasse in un modo o nell'altro.

Ecco alcuni paradossi famosi:
- Più si impara, meno si sa.
- Più le cose cambiano e più rimangono le stesse.

O il mio preferito di Charles Dickens:

- "Era il migliore dei tempi, era il peggiore dei tempi."

Questa affermazione sembra contraddittoria, vero? Come può una cosa essere entrambe?

La tua capacità di avere a che fare con i paradossi determinerà il tuo livello di potere ed efficienza, sia durante il viaggio sul Cammino, sia nel vivere la tua Vita con uno Scopo.

Andiamo avanti con il modello di Wilber ed addentriamoci nella Terra dei Paradossi dello Scopo, il luogo di nascita dei veri Scopi. Come prima cosa, concentriamoci sul lato fisico della Mappa del Kosmo.

Assumiamo ora che gli atomi siano l'unità di base di cui è composto ciò che consideriamo l'universo fisico. Esso è dunque composto di atomi, i quali si aggregano in *molecole di materia*. In altre parole, la metà fisica del Kosmo è composta proprio da queste molecole di materia.

Ma qual è l'unità di base che costituisce il livello metafisico? D'accordo, questa domanda è piuttosto impegnativa, visto che questo lato del Kosmo è molto meno tangibile, quindi rifletti su ciò che segue: il lato non-fisico del Kosmo è costituito da *pensieri* e *sensazioni* che formano *molecole di significato*.

Quello che sto insinuando è che la Terra dei Paradossi dello Scopo è fatta di molecole di significato che sono composte di pensieri e sensazioni, quegli stessi pensieri e sensazioni che portano significato nelle nostre vite.

Potresti anche dire: "Okay, ho capito. Ma cosa ha a che fare tutto questo con la determinazione del mio Scopo di Vita?"

Proprio sul lato metafisico della Mappa del Kosmo troveremo la risposta alla domanda:

Se non usiamo il metodo chi-cerca-trova per chiarificare lo Scopo di Vita, quale approccio possiamo usare?

Non troveremo il nostro Scopo di Vita in nessuno dei due quadranti di destra, ossia il Kosmo fisico. Lo Scopo di Vita di una persona non è costituito da molecole di materia, anche se la maggior parte di noi passa la maggior parte del tempo a cercare in quel frangente. Non troveremo il nostro Scopo nel mondo fisico né nei nostri corpi fisici, perché non è lì che risiede il significato.

Uno Scopo di Vita deriva da pensieri e sensazioni, ossia dal lato metafisico del Kosmo, nella Terra dei Paradossi dello Scopo.

Di nuovo: cerchiamo di evitare la modalità di ricerca infinita anche su questo lato della mappa di WIlber. Proprio come non troveremo il nostro Scopo nel mondo fisico (nel lavoro perfetto, nel posto dove vivere, nel partner o nel nostro ruolo), così non vogliamo usare la modalità di ricerca nella Terra dei Paradossi dello Scopo. Questo lato dell'universo è tanto grande e illimitato, quanto lo è quello fisico. Ricordati la domanda alla quale vogliamo dare una risposta:

Se non useremo la "modalità di ricerca infinita" per chiarificare il tuo Scopo di Vita, di cosa potremmo avvalerci?

Scrivi la tua risposta alla domanda:

Un nuovo modo di chiarificare il tuo Scopo di Vita

Torniamo al mondo fisico per il momento. Immagina di essere un imprenditore creativo e ingegnoso: sei interessato ad un lavoro che ti dia soddisfazioni ma, nonostante tu continui a cercarlo, ti sembra impossibile trovarlo. Come imprenditore, cosa faresti?

Non ideeresti e realizzeresti quel lavoro tu stesso, forse? Pensa che lo stesso vale per il tuo Scopo di Vita: invece di cercarlo, puoi *crearlo*. Per "costruirlo" ti serviranno pensieri e sensazioni, proprio i materiali di base che formano le molecole di significato da usare per creare il tuo Scopo di Vita d'Ispirazione Divina. Dopo di che, potrai far sì che la tua vita intera sia determinata da questo nuovo contesto o contenitore e, una volta fatto questo, sarai in grado di esprimere il tuo Scopo in tutti e quattro i quadranti del Kosmo.

Considera questa idea per qualche minuto. Chiamiamo questa la "modalità creativa": come ti senti in questo nuova condizione? Cosa ti viene in mente?

Allarme Scopo Acquisito: quando rifletti sul tuo Scopo di Vita in modalità creativa, il tuo Scopo Acquisito potrebbe sentirsi minacciato e obiettare: "Hey, cosa significa che puoi crearlo? Sei matto? Tu, creare qualcosa? Ma se ti perdi in un bicchier d'acqua!"

Eppure, il tuo Scopo Acquisito non dice la verità. Nella pratica, siamo tutti molto creativi: se ci pensi, stiamo già creando tutto ciò che fa parte della nostra vita, incluso lo Scopo Acquisito stesso. Esistono tuttavia due modi di creare: uno conscio, l'altro inconscio.

Ora, pensa a questo: dare significato ad ogni singola cosa o evento è innato nella natura degli esseri umani e lo facciamo di continuo, spesso inconsciamente. Ed è proprio così che si è formato il tuo Scopo Acquisito: attribuendo significato ad ogni esperienza della tua vita. Infatti, non sono state le esperienze in sé ad aver costituito il tuo Scopo Acquisito, bensì il significato che tu hai deciso di dare loro. In seguito, hai pensato di *essere* il tuo Scopo Acquisito - eppure non lo sei!

È dunque giunto il momento di creare la tua vita, partendo proprio dal tuo Scopo di Vita stesso e permettendogli poi di determinarla.

Nel corso del prossimo capitolo imparerai ad attrarre i pensieri e le sensazioni ideali, le quali costituiranno i mattoni con i quali potrai costruire il tuo Scopo di Vita; essere in grado di riconoscere quali pensieri siano coerenti con i tuoi desideri ti porterà a dar vita al tuo Scopo.

Sazio di addizione

Prima di proseguire, prendiamoci un minuto e tornare di nuovo alla mappa del Kosmo, concentrandoci in particolare sul punto in cui tutte le rette si incontrano: lo spazio di addizione.

Lo spazio di addizione è così definito in quanto è il luogo in cui non consideriamo più la vita come bianco e/o nero, bensì da un punto di vista onnicomprensivo del mondo. Forse l'intera vita è un paradosso. Dickens asserisce che noi dividiamo le cose in parti solo per poter avere un punto di partenza. La prospettiva Life on Purpose separa le cose in buone/cattive, giuste/sbagliate, sia/oppure: vivere con uno Scopo significa essere in grado di creare possibilità. Ed è esattamente come possiamo trovare la vera libertà.

Torneremo alla mappa del Kosmo ed allo spazio di addizione più tardi lungo il processo Life on Purpose, quando inizierai a vivere secondo il tuo Scopo.

ESERCIZIO: INNESCA LA TUA PASSIONE

Siamo ora in procinto di iniziare un esercizio divertente e coinvolgente che si trova al centro del processo Life on Purpose, ossia l'opportunità di creare il tuo Scopo di Vita. Lo Scopo di Vita che creerai diventerà il contenitore nel quale versare la tua vita e che inizierà quindi a determinare la tua esistenza.

Il primo passo per riuscire a farlo sta nel mettere insieme le provviste e le risorse di cui avrai bisogno. Per dipingere un'immagine, si inizia solitamente con una tela vuota. Il passo successivo è scegliere i pennelli ed i colori di cui avrai bisogno.

Ti chiederai: dove si trova il materiale per creare uno Scopo di Vita?

Questo è uno dei paradossi della Terra dei Paradossi: anche se creerai il tuo Scopo essenzialmente su una tela vuota e lo farai libero dai limiti imposti dalle tue esperienze passate, otterrai tuttavia "i colori ed i pennelli" proprio dal tuo passato. In altre parole, terremo in considerazione il passato, ma senza permettergli di limitarci.

Il metodo Life on Purpose ti porterà ora ad analizzare alcuni momenti particolari del passato, nei quali ti sei sentito davvero vivo, elettrizzato, euforico, creativo ed entusiasta della vita. Tornare con la mente a questi momenti evocherà determinati pensieri e sensazioni. Queste risposte emotive e mentali, le molecole di significato, saranno il materiale da costruzione per il tuo Scopo di Vita Creato.

Proprio nei momenti in cui ti sei sentito così, sei stato più vicino al tuo Scopo di Vita. E, per estendere ancora di più il paradosso, nonostante il tuo Scopo non riguardi ciò che fai, buona parte di ciò che andremo ad analizzare riguarda però quello che hai fatto in questi momenti di eccezionale vitalità.

Ricordati sempre che il tuo Scopo è il contenitore in cui versi la tua vita ed è proprio questo contesto che comprende le nostre vite dà una direzione alle nostre azioni, ossia ciò che facciamo. Come abbiamo già imparato in un capitolo precedente, il più potente Scopo di Vita è una miscela delle seguenti componenti:

- La visione che hai per te stesso e per il mondo
- I tuoi valori di base, ossia ciò che conta di più nella tua vita
- L'essenza del tuo essere, ossia chi sei veramente e su cosa possono contare gli altri su di te

Ad esempio, per me una vita con uno Scopo è vissuta al servizio degli altri, con passione e allegria, in cosciente abbondanza bilanciata da semplicità e serenità spirituale. Questo Scopo si estende nella mia vita ed è visibile in ogni cosa io decida di fare. Rimane sempre lo stesso Scopo e contesto, eppure ci sono tantissimi modi diversi di esprimerlo. Il punto è che *uno Scopo di Vita è un modo di essere o una visione che ispira ciò che fai*. O, con altre parole, il tuo Scopo di Vita è ciò per cui la tua anima è venuta qui per essere e fare.

Non preoccuparti di quale parte della tua Dichiarazione di Scopo di Vita riflette la tua visione, quale contiene i tuoi valori di base e quale è l'essenza di chi sei. Tutte queste componenti vengono fuse insieme da un "collante", ossia la forza d'attrazione dell'Amore Universale. È un po' come fare una torta: quando è cotta, non sei più in grado di distinguere la farina dallo zucchero e ciò non importa nemmeno, se la torta è buona. Stai per creare il contesto per una vita deliziosa.

La tua mente creativa e quella razionale, insieme ai pensieri ed alle sensazioni che evocheranno, azioneranno la pompa della tua passione. Saranno i pennelli ed i colori che ti permetteranno di creare il tuo Scopo di Vita.

Nel prossimo compito dovrai fare proprio questo: innescare la tua passione. Prima di iniziare, ci sono tre cose che dovresti fare:

- *Rifletti sui tuoi pensieri* e le tue sensazioni nella vita quotidiana. Leggi le domande che costituiscono questo compito e riflettici su nei prossimi giorni. Puoi farlo mentre guidi per andare al lavoro, fai la doccia o prima di addormentarti. Prenditi tempo per pensarci su.

- *Scrivi i tuoi pensieri e le tue sensazioni.* Metti per iscritto i tuoi pensieri e sentiti libero di aggiungerne altri man mano che li scrivi. Raccogli i dati che andranno a formare la Dichiarazione del tuo Scopo di Vita.

- *Parlane con gli altri,* condividi i tuoi pensieri riguardanti il tuo Scopo e le tue domande con chi ti sta vicino. Chi ti conosce bene e supporta chi sei può essere un'enorme risorsa per ottenere materiale aggiuntivo. Ascoltalo come ascolteresti il tuo coach, ossia cerca di ascoltare quello che risuona con la tua anima e, una volta trovato, tienilo con te; in caso contrario, lascialo andare. Ad esempio, se qualcuno dicesse: "Il momento in cui ti ho visto maggiormente entusiasta della tua vita è stato lo scorso marzo, mentre preparavi la tua dichiarazione dei redditi", ma preparare la dichiarazione dei redditi fosse una delle cose che detesti fare, lascia semplicemente quel pensiero da parte. Dopo aver parlato con gli altri, metti tutto per iscritto. L'idea di base è quella di avere a disposizione una tavolozza ricca di colori differenti.

Consiglio aggiuntivo: alcune persone preferiscono usare mezzi artistici in questo processo. Alcuni miei clienti hanno realizzato dei collage, altri hanno letteralmente dipinto il loro Scopo di Vita. Sentiti libero di essere creativo come vuoi.

Chiamata all'azione: innesca la tua passione

Chiarificare il tuo Scopo di Vita è un lavoro di squadra tra la mente razionale e quella intuitiva. L'esercizio che segue è un esercizio efficace per combinare queste due potenti risorse in modo da aiutarti a proseguire sul Cammino.

Lavorare con le seguenti domande impegnerà la tua mente razionale. I ricordi ed i pensieri che sorgeranno azioneranno la pompa, rendendo più facile l'accesso alla mente intuitiva e creativa. Alla fine di questo esercizio avrai una bozza della tua Dichiarazione di Scopo. Continua a rifinire e rimodellare la tua Dichiarazione nella tua vita quotidiana. Il tuo Scopo di Vita è un essere vivente che cresce ed evolve se ti prendi cura di lui e lo nutri.

Passo n. 1

Poniti queste domande e riporta le tue risposte per iscritto, aggiungendo qualunque cosa ti venga in mente mentre scrivi. Chiedi alle persone che ti conoscono e supportano come risponderebbero a queste domande per quel che ti concerne, in modo da ottenere altri punti di vista. Aggiungi qualsiasi altra idea derivi da queste conversazioni ai tuoi appunti, in modo da avere una grande quantità di informazioni dalle quali poter attingere.

1. *Cosa ami fare?* Pensa a quelle volte in cui ti sei sentito più vivo, entusiasta ed innamorato della vita. Cosa stavi facendo in quei momenti? Con chi eri? Chiedi alle persone che ti conoscono meglio quando ti hanno visto più entusiasta e vitale.

2. *Con che tipo di persone ti piace stare?* Rispondi in maniera specifica

(ossia i nomi delle persone) e generalizzata (i tipi di persona).

3. *Cosa faresti per creare più occasioni per passare più tempo con queste persone?* Pensa a dei lavori, al volontariato, allo sport...

4. *Se il denaro, il tempo, l'energia ed il talento fossero illimitati, cosa faresti della tua vita e chi saresti?* Se ti sembra difficile pensare a queste cose come illimitate, fatti un appunto. Poi cerca di lasciar andare il pensiero e continua con l'esercizio.

5. *Chi ammiri in particolare?* Possono essere celebrità, personaggi storici, membri della famiglia o amici.

6. *Cosa ammiri in particolare in queste persone?* Il modo di essere, i loro valori o quello che fanno nella loro vita? Cerca di essere il più specifico possibile.

7. *Quali valori contano di più per te?* È importante distinguere tra i valori che pensi di dover ritenere importanti e quelli che hai scelto liberamente.

Passo n. 2

Rileggi il materiale che hai raccolto attraverso queste domande. Cerca il filo conduttore o il tema centrale, un po' come farebbe un detective sulla scena di un crimine: il detective non si chiede se ci siano delle prove, sa che ce ne sono, ed il suo lavoro è trovarle. Esiste un filo conduttore ed un tema centrale ed il tuo compito è trovarlo, non importa quanto siano nascosti. In realtà, di solito ce n'è più d'uno, quindi trovane quanti puoi.

Consiglio sul procedimento: per aiutarti puoi rileggere i tuoi appunti ed usare delle matite colorate in modo da poter cerchiare o sottolineare le parole, le frasi e le idee che si ripetono. Potresti trovare di aver menzionato il tempo che passi all'aperto più volte ed altre di aver parlato della natura. Questi due elementi sono probabilmente parte dello stesso tema, anche se starà a te giudicarlo. Ricordati: se non ti diverti, stai andando nella direzione sbagliata.

Consiglio del coach: ricordati che il tuo Scopo riguarda chi sei come anima ed essere spirituale e ciò che sei venuto a fare sulla Terra. Di conseguenza, mentre analizzi ciò che hai amato della tua vita finora, guarda oltre le azioni e cerca di cogliere l'*essenza* e l'*esperienza* relative a quei momenti e mettile per iscritto, in modo da catturare le sensazioni di quei momenti.

Ad esempio, potrebbe piacerti camminare nei boschi e questo riguarda l'azione. Ma cosa ti piace del camminare nei boschi? Chi o cosa sei mentre cammini nei boschi? Cosa senti? Pace? Vicinanza a Dio? Scrivi tutte queste "molecole di significato".

Passo n. 3

Sei quasi pronto per creare la tua definizione di Scopo. Resta solo una cosa da tenere a mente prima di farlo. E ricordati: qualsiasi cosa tu scriva oggi può essere cambiata o cancellata e riscritta, perché non *ti trovi mai bloccato nel tuo Scopo di Vita*. Questo è davvero importante. Tutto ciò che stai facendo ora è creare una bozza da provare nelle prossime due settimane.

Una volta che avrai esercitato la mente razionale, sarà tempo di chiamare sul ring l'altro membro della squadra: il tuo lato creativo ed intuitivo. Scegli il tuo modo preferito per accedere alla tua intuizione: meditare, fare una lunga camminata, correre, guidare... O datti come obiettivo di sognare il tuo Scopo di Vita. Poi leggi di nuovo i tuoi appunti ed accedi alla tua intuizione.

Se sei ancora incerto su quale sia la tua definizione di Scopo dopo aver fatto tutto questo, troverai maggiore chiarezza attraverso il prossimo passo.

Passo n. 4

Non appena avrai finito il passo n. 3, completa ognuna delle frasi successive almeno tre volte:

- Uno Scopo di Vita è ...
- Il motivo per cui sono su questo pianeta è ...
- Per me, una vita vissuta con uno Scopo è una vita di ...
- La mia visione del mondo è ...

Scrivi una breve definizione di cosa è il tuo Scopo di Vita oggi. Non dimenticare che si tratta di una bozza e che non puoi sbagliarti a questo punto e che la definizione è solo l'inizio. Cerca di non andare oltre le tre frasi.

Consiglio del coach: ricordati che si tratta di un esercizio divertente e stimolante, la cui durata è quella che decidi tu. Non c'è alcuna necessità di affrettarti e, se ti rendi conto che non ti stai più divertendo, significa solo che sei finito appena fuori dal Cammino. Metti quindi tutto da parte per un giorno e poi tornaci. Cerca di capire se il tuo Scopo Acquisito non si sia intromesso ed abbia iniziato a determinare la tua vita. Se è così, lascialo andare prima di ricominciare l'esercizio.

> *Se davvero credi nei tuoi obiettivi, lascia perdere le condizioni. Dirigiti direttamente verso il tuo obiettivo. Sii il tuo obiettivo! Le condizioni nascondono spesso delle strategie per sfuggire alle responsabilità. Perché invece non prendi il comando e crei ciò che stai cercando?*
>
> Eric Allenbaugh

RIFINIRE IL TUO SCOPO DI VITA

Ora è giunto il momento di dare il tocco finale alla tua bozza. Esatto: è ancora una bozza e lo resterà ancora per un po. Arriverà il momento in cui non dovrai più pensare ad essa come tale e sarai pronto a considerarla al 100% il tuo vero Scopo di Vita. E, dopo tutto ciò, il tuo Scopo di Vita si svilupperà ed evolverà nel tempo, iniziando a vivere una vita propria.

In questo passaggio, confronterai ciò su cui hai lavorato finora con una serie di criteri che ti aiuteranno a perfezionare il tuo Scopo, in modo da farlo diventare un contesto poderoso per la tua vita.

Mentre ti muovi attraverso questo processo, assicurati di avere la Dichiarazione provvisoria del tuo Scopo davanti a te. Ogni volta che leggi un criterio, valuta se la tua Dichiarazione sia conforme o meno ad esso e, nel caso in cui ci siano delle discordanze, fai le necessarie correzioni.

1. Vivere con uno Scopo rende soddisfatti, realizzati e senza rimpianti

È possibile progettare e vivere una vita senza rimpianti. Per cominciare, immaginati alla fine della tua vita, sul tuo letto di morte. Tutti i tuoi cari sono intorno a te nei tuoi ultimi istanti di vita. Uno di loro ti chiede: "Dimmi, hai dei rimpianti?". Alla domanda segue un attimo di silenzio, durante il quale rifletti sulla tua vita prima di rispondere: "No, ho vissuto una vita senza rimpianti."

Che tipo di vita dovresti vivere per poter sinceramente rispondere così? Ecco, quella è una vita vissuta con uno Scopo.

Occorre inoltre vivere senza aspettative. Ma, poiché questa parola viene utilizzata in modi diversi e significa cose diverse per diverse persone, analizziamola ulteriormente. Vivere senza rimpianti né aspettative non significa solo essere liberi dal passato (rimpianti), ma anche essere liberi dalla prospettiva di un futuro particolare. Ciò vale anche per l'essere libero e non proiettato verso i risultati. In effetti, è un paradosso anche questo: impegnarsi per ottenere determinati risultati, senza tuttavia esserci legato.

Come puoi essere libero dal futuro? Semplicemente essendo e vivendo secondo il tuo Scopo nel presente. In altre parole, non vivrai nella speranza pensando "Spero di riuscire, un giorno, a vivere secondo il mio Scopo", perché questo significherebbe aspettarsi qualcosa dal futuro ed essere attaccato ad esso.

Invece no, adesso è il momento di vivere il tuo Scopo, nel presente, permettendo ad esso di determinare le tue azioni.

Ad esempio, ripensa al mio Scopo: "Una vita vissuta al servizio degli altri, con passione e allegria, in cosciente abbondanza, bilanciata da semplicità e serenità spirituale." Come espressione di questo Scopo ho fondato il Life on Purpose Institute, il quale ha una serie di risultati ed effetti, per i quali mi impegno. Questo è ciò che chiamo un progetto con un *meta-Scopo*, ma ne parleremo più diffusamente in un capitolo successivo.

Ma, cosa succederà se, alla fine della mia vita, non avrò raggiunto tutti gli obiettivi che mi ero prefissato e non avrò ottenuto tutto quello che volevo? Sarò pieno di rimpianti? Non se mi sarà chiaro di aver vissuto secondo il mio Scopo e di essere rimasto libero e non attaccato ai risultati durante il processo. Riparleremo di tutto questo quando analizzeremo lo strumento per vivere con uno Scopo, noto come Atteggiamento ludico.

2. L'espressione del tuo Scopo di Vita è onnicomprensiva ed al servizio degli altri.

Se vivi secondo il tuo Scopo, lo esprimi nell'essere al servizio degli altri. La parte difficile è ricordarti di essere anche al *tuo* servizio! Il tuo Scopo è onnicomprensivo, è il contesto che dà forma alla tua vita e determina chi sei per te stesso e per tutte le persone con le quali hai a che fare nella tua vita, direttamente o indirettamente.

Ad esempio, se dicessi che il tuo Scopo di Vita fosse essere felice, esso non soddisferebbe questo criterio, perché riguarderebbe solamente te. Ma se dicessi: "Il mio Scopo è una vita di felicità e gioia, e l'espressione della propria personalità", allora sostieni quella possibilità per il mondo intero, così come per la tua vita.

Torna di nuovo al mio esempio: "Una vita con uno Scopo è vissuta al servizio degli altri, con passione e allegria, in cosciente abbondanza bilanciata da semplicità e serenità spirituale." Come vedi, esso è onnicomprensivo, in quanto non esclude nessuno dal vivere in questo modo. In effetti, quando condivido il mio Scopo, spesso qualcuno mi chiede: "Posso averlo? È esattamente ciò che vorrei." Anche se rispondo scherzando, sostenendo che il mio Scopo è tutelato dai diritti d'autore e che ognuno deve trovare il proprio Scopo, ciò che percepisco in questi casi è proprio la sua onnicomprensibilità. Dopotutto, io sono qui proprio per sostenere gli altri nella ricerca del loro Scopo di Vita e nel viverlo appieno.

3. Uno Scopo di Vita si basa sull'amore.

Il tuo Scopo Acquisito si basa sulla paura, la necessità di sopravvivere, su un senso di mancanza e scarsità, mentre il tuo vero Scopo è fondato sulla forza d'attrazione dell'amore universale, la consapevolezza di abbondanza e la disponibilità a lasciarsi trasportare dalla corrente della vita. Questa è un po' come una colla, la quale tiene insieme la tua visione, i tuoi valori e chi sei come essere spirituale. Di fatto, è la forza d'attrazione che tiene insieme l'intero Universo.

Vivere il tuo Scopo fondandoti sull'amore ti libera dal giudizio degli altri e di te stesso, dalla necessità di avere ragione a tutti i costi e di prendere posizione. Ad esempio, vivendo al servizio degli altri, con passione e allegria, in cosciente abbondanza bilanciata da semplicità e serenità spirituale, agisco secondo l'amore e resto aperto alla condivisione di questa possibilità con chiunque, senza tuttavia prendermela a male se qualcuno non vuole partecipare.

Eppure, se non rimango costantemente consapevole, posso scivolare nell'idea che il mio Scopo Acquisito mi suggerisce, ossia che ci sia qualcosa di sbagliato in chiunque non conosca il proprio Scopo di Vita e che il mio compito sia quindi quello di "aggiustare" queste persone "difettose". In quel momento, il mio Scopo non è più basato sull'amore, bensì sulla paura, sulla mancanza e sul bisogno di combattere. In altre parole, non si tratta più del mio vero Scopo di Natura Divina, poiché questo è stato assorbito dal mio Scopo Acquisito.

4. Uno Scopo di Vita è il contesto ed il contenitore che raccoglie e dà forma alla tua vita. Non riguarda ciò che fai, bensì lo determina.

Uno Scopo di Vita è costituito dalla visione, dai valori di base e da ciò che sei (essenza), il tutto tenuto insieme dalla colla dell'amore e dal tuo rapporto con Dio, un potere superiore o la tua spiritualità. Non riguarda ciò che fai, ma lo determina.

Abbiamo già trattato l'argomento abbastanza in profondità, tuttavia è davvero importante assicurarci che il *fare* non scivoli nella tua Dichiarazione di Scopo di Vita. Chiaramente, ci saranno tantissime cose che farai come espressione di esso, ma per il momento è fondamentale mantenere il contesto della tua vita separato dalla tua vita stessa. Ricordati l'analogia della tazza e dell'acqua.

Il mio Scopo di Vita dichiara *chi* mi impegno ad essere nella mia vita ed è ciò che ha il potere di determinarne ogni istante, nel momento esatto in cui mi accingo a fare qualunque cosa.

Ti renderai conto che, iniziando a vivere secondo il tuo Scopo, esso assumerà una sua propria vita, evolvendosi e crescendo. Ed è così che dovrebbe essere.

E questo porta con sé un'altra importante domanda: come vivi secondo lo Scopo che hai appena creato? Inizieremo a rispondere a questa domanda con il prossimo compito.

Chiamata all'azione: rifinire il tuo Scopo di Vita

Dopo aver confrontato la tua bozza con i quattro criteri precedenti, usa il seguente modello per rifinire la tua Dichiarazione.

Modello

Questo modello servirà da impalcatura sulla quale potrai costruire il tuo Scopo di Vita Creato. Più tardi, potrai decidere se continuare ad utilizzarlo o se abbandonarlo. Ecco il modello che consigliamo:

Una vita con uno Scopo è una vita di _____ , _____ e _____ .

Ogni spazio può essere una parola singola o un'espressione più lunga. Potresti anche decidere di scrivere una frase sintetica ed una analitica, ad esempio:

- **Sintetica:** Una vita con uno Scopo è vissuta al servizio degli altri, in semplicità e serenità spirituale.

- **Analitica:** Una vita con uno Scopo è vissuta al servizio degli altri, con passione e allegria, in cosciente abbondanza bilanciata da semplicità e serenità spirituale

Ecco altri esempi di dichiarazioni di Scopo :

- Una vita con uno Scopo è vissuta con responsabilità, passione, onestà e abbondante prosperità (nota che non è necessario seguire pedissequamente il modello. Utilizzalo come uno strumento, ma non lasciare che diventi un limite).

- Una vita con uno Scopo è una vita di soddisfazione, derivata da esperienze creative attraverso l'arte, la natura, la comunicazione autentica e la salute; essa nutre la mente ed il corpo e sa estinguere la sete dell'anima.

- Una vita con uno Scopo è una vita di verità e libertà nelle parole e nell'azione; è dedicata alla consapevolezza di sé, al coraggio ed alla creatività.

Lavorando a questo compito darai il tocco finale al tuo Scopo di Vita Creato.

Preparazione in vista del prossimo passo, ossia vivere secondo il tuo Scopo

Considera queste domande per prepararti a far diventare la tua Dichiarazione di Scopo una parte attiva della tua vita:

- *Cosa serve per mantenere vivo il tuo Scopo, in modo da farlo diventare il contesto che dà forma alla tua vita?*

- *Dove vive uno Scopo di Vita?*

Compiti bonus

Ritrova la tua ruota della vita e prendi nota delle aree alle quali avevi assegnato un punteggio pari a cinque o inferiore. Se non hai nessuna area con tali punteggi, scegli le tre aree con punteggio inferiore. Queste sono le categorie della tua vita sulle quali concentrarsi durante la prossima tappa sul Cammino, ossia come vivere secondo il tuo Scopo in tutte le aree della tua vita.

Tra vent'anni non sarete delusi delle cose che avete fatto, ma da quelle che non avete fatto. Allora levate l'ancora, abbandonate i porti sicuri, catturate il vento nelle vostre vele. Esplorate. Sognate. Scoprite.

Mark Twain

I BOOMER AL PASSAGGIO #4

Il vero Scopo di vita di Barbara Boomer:
Sono così emozionata (e, lo ammetto, spaventata, ma soprattutto emozionata) di essere qui a condividere la mia Dichiarazione di Scopo di Vita. O, perlomeno, di condividerlo per com'è in questo momento, con la consapevolezza di poterlo cambiare e che evolverà da sé.
Per me, una vita con uno Scopo è una vita di gioia e premura, colma fino a traboccare di divertimento, amore e saggezza.
Mi fa stare bene sapere che potrò continuare ad essere una persona premurosa e attenta e che la vera libertà è sapere che non devo essere per forza in nessun modo in particolare; inoltre, essere premurosa significa includere anche me stessa in queste attenzioni, oltre agli altri. Sto accettando anche il fatto di essere una persona saggia con molto da condividere, soprattutto con i giovani. Questo definisce chi sono e crea anche spazio per come voglio crescere. Ed ora, come faccio a vivere secondo il mio Scopo ?

Il vero Scopo di vita di Bob Boomer:
La mia vita con uno Scopo è una vita avventurosa bilanciata da attenta contemplazione e dal contributo che posso dare al mondo.
Attraverso l'esercizio relativo all'innesco della mia passione, mi sono reso conto che molti degli episodi che mi sono venuti in mente e nei quali mi sono sentito più vivo, avevano a che fare con situazioni che gli altri avrebbero considerato pazze. Con il tempo, anch'io sono diventato

così critico. Mi ricordo quanto amavo lo sci alpino, le immersioni subacquee nelle grotte, il paracadutismo e il rafting. L'espressione "vita avventurosa" è per ricordarmi ciò che è possibile, non solo facendo questi sport, ma anche portando il senso d'avventura nel mio lavoro e in tutta la mia vita e condividendolo con la mia famiglia. Allo stesso tempo, voglio bilanciare tutto riavvicinandomi alla mia natura più autentica attraverso un'attenta contemplazione, e iniziare da qui per offrire al mondo il mio contributo. Devo ammettere di essere emozionato di fronte all'idea di una vita del genere.

PASSAGGIO #5

IMPARARE AD USARE GLI STRUMENTI PER VIVERE CON UNO SCOPO

VIVERE SECONDO IL TUO SCOPO DI VITA

Ti ricorderai della formula di crescita e sviluppo che abbiamo trattato all'inizio del libro:

Intuizione + Azione = Vera Crescita ed Evoluzione

Ecco perché questa formula è così importante per il nostro coaching: lo Scopo Acquisito che hai identificato e lo Scopo di Vita che hai creato durante il primo stadio del metodo Life on Purpose sono ciò che chiamo "meta-intuizioni". In altre parole, esse sono alcune delle idee più profonde e potenti che puoi avere nella tua vita. Dopotutto, svelando il tuo Scopo Acquisito, hai identificato la forza principale che ha determinato buona parte della tua vita. Nonostante lo Scopo Acquisito abbia fatto il suo lavoro (ossia tenerti al sicuro), esso ti ha oltremodo limitato e spesso trattenuto dal conoscere e dall'esprimere il tuo vero Scopo. Non appena il tuo Scopo ti sarà diventato chiaro, avrai identificato la principale forza modellante della tua vita. Wow! Se non fosse che...

Si tratta ancora solo di idee e concetti. Come diceva la mia prima coach: "Le intuizioni e le idee da sole sono un po' come un pizzicotto sul sedere. Possono attirare la tua attenzione per un istante, ma difficilmente trasformeranno la tua vita". Con il metodo Life on Purpose puoi trasformare la tua vita. Nel momento in cui passi da un'esistenza senza, ad una vita con uno Scopo, diventi anche parte della trasformazione di un mondo senza, in un mondo con uno Scopo. Neppure un meta-pizzicotto sul sedere in sé farebbe la differenza. Quindi quello che ci serve è la parte dell'equazione chiamata *azione*. Per questo motivo, il secondo stadio del metodo Life on Purpose è estremamente importante.

Senza questa fase, non ci vorrebbe molto perché quella meravigliosa e potente fonte di ispirazione che è la tua Dichiarazione di Scopo di Vita svanisse in niente più che una qualsiasi banale successione di parole. Ed è proprio ciò che succederà, se non passerai all'azione integrando essa nella tua vita, in modo da farla diventare la principale forza creativa rispetto a tutto ciò che fai.

Proprio in questa seconda fase del metodo Life on Purpose diventerai capace di mettere insieme i meta-concetti della prima fase e, nel fare ciò, potrai trasformare la tua vita. Per fare questo, introdurremo ora gli strumenti per vivere con uno Scopo, con i quali avrai a disposizione i mezzi per costruire una vita incredibile e meravigliosa, ossia una vita con uno Scopo.

Come facciamo spesso nel metodo Life on Purpose, intraprenderemo la prossima tappa sul Cammino chiedendoti di riflettere su una domanda:

Dove vive uno Scopo di Vita?

Guardala in questo modo: gli orsi vivono nelle foreste, gli uccelli vivono sugli alberi e nel cielo, i pesci nell'acqua. Quindi, dove vive uno Scopo di Vita?

Prenditi qualche minuto per rifletterci e scrivi le tue rispose prima di proseguire.

DOVE VIVE UNO SCOPO DI VITA?

Mi rendo conto che questa possa sembrarti una domanda strana. Anche perché chi lo dice, che uno Scopo di Vita debba vivere da qualche parte? Tuttavia, le domande apparentemente bizzarre ti permettono spesso di accedere ad un livello di saggezza più profondo di quello che già conosci in superficie.

Con queste domande, non stiamo cercando di ottenere la "risposta corretta", perché in effetti non esiste una risposta corretta! L'idea è quella di stimolare i tuoi pensieri e vedere cosa ne viene fuori. Hai forse trovato che ci fossero diversi modi per rispondere alla domanda? Oppure, una volta ottenuta una risposta, hai smesso di cercarne altre?

Ho fatto questa domanda a migliaia di persone. Ecco alcune delle risposte più frequenti. Vedi se la tua risposta è tra quelle di seguito:

- Uno Scopo di Vita vive nel mio cuore.
- Uno Scopo di Vita vive nelle mie azioni.
- Credo che uno Scopo di Vita viva nella mia anima.
- Direi che uno Scopo di Vita vive nei miei pensieri o nella mia mente.
- Ho la sensazione che uno Scopo di Vita viva nelle mie parole e nelle mie azioni, e nei risultati che ottengo.
- Penso che uno Scopo di Vita viva insieme all'orso in una caverna nella foresta.

Okay, l'ultima era uno scherzo. Ma quindi, dove ti sembra che viva uno Scopo di Vita? Prendi nota di qualsiasi altra risposta ti venga in mente qui sotto:

Ora ricordati: non esiste una risposta giusta, né una sbagliata. Quello che ti suggerisco, è di prendere in considerazione ogni risposta che ti è venuta in mente e testarla per qualche giorno. Ad esempio, supponiamo che le tue risposte fossero: uno Scopo di Vita vive nel mio cuore / nelle mie azioni. Prova a vivere per qualche giorno secondo la prima prospettiva e vedi cosa impari. Poi, prova la seconda risposta e vedi cosa puoi imparare da essa. La maggior parte delle volte, i miei clienti hanno compreso delle cose interessanti per quel che riguarda il loro vivere con uno Scopo, che è poi il punto principale di tutto.

Nonostante non ci sia una risposta corretta in particolare, sto per chiederti di riflettere su qualcosa e vedere cosa puoi scoprire. Questa è una risposta che ha dato prova di essere un sentiero di esplorazione fruttuoso per molti, poiché è in grado di donare maggiore accesso allo Scopo di Vita creato. Riflettici:

Uno Scopo di Vita vive nella consapevolezza.

Ti chiedo di prenderti un minuto per pensarci su e guardarla da questo punto di vista. In altre parole, considera questa risposta come vera. Se è vera, cosa ti rivela rispetto a ciò di cui avrai bisogno per creare la tua vita secondo il tuo Scopo di Natura Divina? Prenditi qualche minuto e scrivi le prime due o tre cose che ti vengono in mente.

Abbiamo iniziato chiedendoci dove vive uno Scopo di Vita e l'abbiamo fatto perché ci sta a cuore che tu possa vivere secondo il tuo Scopo, affinché ogni giorno sia esso a creare e dar forma ad ogni singolo istante ed a tutto quello che fai in quegli istanti.

Quello che sto suggerendo ora, è che uno Scopo di Vita vive nella consapevolezza.

Come la vedi, considerandola da questa prospettiva? E come potrebbe questo sostenerti nel vivere secondo il tuo Scopo? Scrivi la tua risposta qui sotto:

Proviamo a guardare insieme a questa prospettiva, considerando anche la saggezza collettiva delle migliaia di persone che hanno già viaggiato su questo Cammino. Una risposta comune a questa domanda è: "Oh, allora questo significa che, se voglio vivere secondo il mio Scopo, devo rimanerne costantemente consapevole. Certo ha senso, ma come faccio? Con i miei ritmi frenetici, senza poi parlare dello Scopo Acquisito sempre in agguato..."

Tutte queste sono osservazioni giustificate. Tuttavia, non ho mai detto che vivere con uno Scopo fosse facile, ho detto solo che è semplice. Ma lasciami condividere alcune buone notizie, in modo da controbilanciare la sfida alla quale potresti sentirti di fronte. La maggior parte delle persone trovano che più a lungo vivono secondo il loro Scopo, più tutto diventa facile. Rimanere in salute dal punto di vista spirituale o metafisico è un po' come farlo per il corpo: le prime settimane di palestra sono le più difficili. Anche se i primi giorni sono un piacere, questo non dura per molto: passata la fase idilliaca, dovrai fare ancora molto esercizio per raggiungere la forma desiderata, e poi per mantenerla. Tuttavia, se vai avanti con tenacia, arriva il momento in cui esso diventa una parte integrante della tua vita e diventa difficile pensare a non fare esercizio. E, anche se dovessi saltare un giorno o due, non te ne preoccuperesti, perché saresti consapevole di come esso sia ormai diventato un modo di vivere. Lo stesso vale per il vivere secondo il tuo Scopo.

Puoi pensare a questi strumenti per vivere con uno Scopo come agli attrezzi di una palestra: essi sono lì, sempre a tua disposizione, per aiutarti a trasformare la tua vita in una perfetta vita con uno Scopo.

Tutto ha inizio con la costante consapevolezza di chi sei davvero, ossia il tuo Scopo di Vita Creato. Nei prossimi capitoli analizzeremo come puoi mantenere questa consapevolezza. Per il momento, continua a mantenere questo punto di vista.

Se ci pensi bene, non ho mai detto che esso viva solamente nella *tua* consapevolezza. Quindi, cosa intendo quando dico che il tuo Scopo di Vita vive oltre la tua personale consapevolezza? In quale altro luogo ha bisogno di vivere?

Deve vivere nella consapevolezza degli altri! Esattamente. E, in definitiva, deve vivere nella consapevolezza collettiva del Kosmo. Ma non spingiamoci troppo in là, non ancora perlomeno. Iniziamo dal fatto che il tuo Scopo di Vita debba vivere non solo nella tua, ma anche nella consapevolezza degli altri, se vuoi che esso prosperi.

Ma perché? Com'è noto, gli esseri umani sono naturalmente animali sociali. In altre parole, lo spazio che abbiamo a disposizione per essere ed esprimere noi stessi è collegato direttamente allo spazio che gli altri ci riconoscono per essere ed esprimerci.

Mentre leggi e rifletti su questo concetto, potresti sentirti un po' a disagio e renderti conto che stiamo andando incontro ad un problema. Ed avresti ragione. Ti ricordi? Alla fine del primo stadio del metodo Life on Purpose abbiamo parlato di un "Problema dello Scopo". Ora è giunto il momento di analizzarlo più in profondità.

Prenditi un po' di tempo e scrivi quale pensi che sia il Problema:

Vediamo se la tua risposta è qualcosa del genere:

Le persone nella tua vita si relazionano con te per come ti hanno conosciuto fino a questo momento e lo fanno a causa di ciò che ha guidato la tua vita, ossia il tuo Scopo Acquisito! Ed è facile capirne il perché: hai fatto riferimento a te stesso come al tuo Scopo Acquisito per la maggior parte del tempo e, contemporaneamente, hai portato le persone intorno a te a fare lo stesso. Questo è dunque il problema. Ma è un buon problema poiché, una volta che l'avrai identificato ed accettato, potrai iniziare a correggerlo o trasformarlo.

Vedi, proprio perché ci siamo considerati come il nostro Scopo Acquisito, abbiamo irradiato quello Scopo intorno a noi, come le onde di un sasso lanciato in acqua. È un po' come se vivessi pensando di chiamarti Robin. Ovviamente, ti presenti sempre con questo nome, fino al momento in cui scopri che il tuo nome non è Robin... bensì Terri. Cosa dovresti fare in questo caso? Probabilmente dovresti spiegare a tutti cos'è successo e dir loro il tuo vero nome. Lo stesso accade per quel che riguarda il tuo Scopo di Vita.

La buona notizia è che quest'effetto onda può essere usato a nostro vantaggio. Infatti, mentre il tuo Scopo deve vivere nella tua stessa consapevolezza, se vuoi veramente che esso prosperi e cresca, è davvero importante che inizi a vivere nella consapevolezza degli altri. E, più lo farà, più sarà facile per te vivere secondo il tuo Scopo, perché anche gli altri inizieranno a relazionarsi con te in questo nuovo modo.

Forse ti stai chiedendo: "Questo significa che devo andare in giro a dire a tutti la mia Dichiarazione di Scopo di Vita?" No, non ce n'è bisogno, anche se ti sentirai sempre più a tuo agio nel condividere la tua Dichiarazione, soprattutto man mano che imparerai nuovi modi di condividere il tuo Scopo con gli altri.

In seguito, esploreremo nuovi modi in cui condividere il tuo Scopo con i tuoi amici, i membri della tua famiglia, i colleghi al lavoro, addirittura con gli sconosciuti, il tutto senza sembrare strano o artificioso.

Nel contempo, val la pena pensare alla ragione per la quale ti sembra strano condividere il tuo Scopo con gli altri. Cosa comporta realmente il condividere con gli altri la tua visione del futuro, i tuoi valori di base e l'essenza di chi sei?

Tuttavia, prima di rispondere a questa domanda, torniamo agli strumenti per vivere secondo il nostro Scopo di Vita, con i quali sarai in grado di personalizzare la tua vita con uno Scopo.

APRIAMO LA SCATOLA DEGLI STRUMENTI

Questa scatola contiene un'ampia gamma di strumenti tra i quali scegliere. Molto probabilmente, nel tempo li userai tutti. Ti renderai anche conto che, mentre ci sono strumenti che userai quotidianamente, altri verranno estratti dalla scatola solo in particolari occasioni. Per aiutarti nel decidere quali strumenti ti saranno maggiormente d'aiuto durante le diverse fasi del tuo viaggio, rileggi questo capitolo ogni tanto: potresti scoprire che uno di essi è scivolato sul fondo della scatola senza essere stato utilizzato appieno.

Inizieremo analizzando alcuni degli strumenti che sono stati ideati per assisterti nel mantenere il tuo Scopo di Vita rigoglioso nella tua consapevolezza. In seguito, guarderemo nei dettagli uno dei più importanti strumenti ideati per infondere il tuo Scopo di Vita nella consapevolezza degli altri. Infine, analizzeremo altri strumenti che possono essere utilizzati in svariate situazioni.

Ecco un breve elenco di ciò che troverai nella tua cassetta:

Attività Pratiche: azioni che puoi svolgere regolarmente per mantenerti presente e consapevole del tuo Scopo di Vita.

Ti invito ad utilizzare questo primo strumento quotidianamente. Più lo userai con regolarità, più sarai in grado di vivere il tuo Scopo a pieno regime. Come da definizione, una Pratica è qualcosa che fai in maniera regolare, preferibilmente all'inizio della tua giornata, più o meno alla stessa ora. Questo tipo di pratica aumenterà la consapevolezza del tuo Scopo di Vita.

Riflessioni: domande da porsi quotidianamente in modo da aumentare la consapevolezza del tuo Scopo.

Una Riflessione è leggermente diversa da una Pratica: mentre la maggior parte delle attività verranno svolte una volta al giorno, soprattutto al mattino o alla sera prima di andare a dormire, una riflessione di questo tipo può essere utilizzata in qualsiasi momento della giornata.

Preghiere: rappresentano anch'esse un tipo di pratica: le Preghiere sono testi che includono il tuo Scopo di Vita e che puoi recitare con grande partecipazione, in quanto dichiarazione creativa di chi vuoi essere quel giorno.

Analizzeremo successivamente come creare una tua preghiera personalizzata ed incorporarla nella tua pratica quotidiana, se lo vorrai.

Inversione di Scopo: il momento in cui percepisci con chiarezza quando è il tuo Scopo Acquisito a determinare la tua vita, seguito dalla scelta consapevole di far sì che sia invece il tuo Scopo Creato, a farlo.

Una volta distinto lo Scopo Acquisito da quello creato, è possibile vivere secondo il tuo Scopo anche grazie a questa inversione. Ogni volta che ti rendi conto di come la tua vita venga in quel momento determinata dal tuo Scopo Acquisito, puoi fermarti, riconoscere cosa sta succedendo e iniziare a invertire la rotta verso il tuo Scopo Creato. Più utilizzerai questo strumento, più bravo diventerai e, imparando a riconoscere questi momenti sempre prima, diventerà più facile praticare l'inversione.

Luoghi significativi: posti speciali nei quali ti rechi ogni qualvolta dovessi sentire il bisogno di riallinearti con il tuo Scopo di Vita. Questi sono di solito luoghi particolari, immersi nella natura, dove ti senti particolarmente a tuo agio.

Principi: regole o codici di condotta coerenti con il tuo Scopo. Analizzeremo anche i Ventotto Principi dell'Attrazione come esempi di

Principi e come modi per vivere secondo il tuo Scopo ogni giorno.

Progetti: una serie di azioni con risultati specifici e misurabili, i quali sono una naturale espressione del tuo Scopo.

Questi progetti sono uno degli strumenti più efficaci per estendere il tuo Scopo di Vita oltre la tua stessa coscienza, ossia in quella degli altri. Come vedremo, non si tratta solo di raggiungere un obiettivo, bensì di un tipo di progetto diverso da tutti quelli in cui tu ti possa essere impegnato finora. Un Progetto emerge ed è piena espressione del tuo Scopo di Vita e, mentre ci lavori, diventi più entusiasta e consapevole del tuo Scopo stesso.

Atteggiamento ludico: la Ludicità e l'atteggiamento sperimentale con cui approcci un progetto o un obiettivo.

Il segreto sta nell'essere impegnato nel raggiungimento di un obiettivo, senza esserci tuttavia attaccato. Quest'atteggiamento è particolarmente efficace durante il lavoro ad un Progetto.

Pazienza e persistenza: il processo del rimanere fedele al tuo Scopo, bilanciando la consapevolezza che per portare la tua vita ad un nuovo livello serve del tempo, con la costanza delle azioni che portano al raggiungimento degli obiettivi.

Coaching sullo Scopo di Vita: una rapporto di collaborazione che ti supporta nel processo di chiarificazione e ti mette a disposizione una struttura per vivere secondo il tuo Scopo nel tempo.

Avere un coach al tuo fianco può portare ciò ad altri livelli: non solo perché può assisterti nel rimanere consapevole del tuo Scopo, ma anche perché può metterti a disposizione e sostenerti nell'imparare ad usare una struttura efficace per l'espressione del tuo Scopo di Vita di ogni giorno.

Compagnia dello Scopo: un gruppo di persone con idee simili che si incontri in maniera regolare per assistere l'un l'altro nel chiarificare e rimanere fedele ognuno al proprio Scopo di Vita.

Una delle cose che sento dire più spesso dai miei clienti è che non hanno persone che la pensano in maniera simile intorno a loro. Di conseguenza, essi si sentono spesso alienati e soli mentre viaggiano sul Cammino. Eppure, con la tecnologia odierna, una comunità può includere persone ben oltre l'immediata vicinanza geografica: ci si può incontrare sì di persona, ma anche grazie a teleconferenze o chat online.

Partners: persone che ti conoscono e si relazionano con te secondo il tuo Scopo.

Più partner avrai, più sarà facile restare fedele al tuo Scopo Creato. A volte, tutto ciò che ti serve come supporto lungo il Cammino è un'altra persona con la quale tu possa comunicare in profondità. Un compagno diventa estremamente vantaggioso, quando il percorso diventa difficile. Esso non dev'essere un coach professionale: tutto ciò che deve fare è starti accanto e sapere che anche tu ci sei per loro.

Paradossi dello Scopo: il luogo di nascita del tuo vero Scopo di Vita di Natura Divina.

Come abbiamo imparato nel capitolo "Il ponte che porta alla terra del paradosso", è proprio qui che il tuo Scopo prende vita. Più ti sentirai a tuo agio con questi paradossi e più sarai in grado di vivere con pienezza secondo il tuo Scopo.

Consiglio di Scopo: come in una consultazione con te stesso, puoi prenderti del tempo per concentrarti sul tuo Scopo di Vita creato e su ciò che vuoi realizzare nella tua vita come sua espressione.

Durante un consiglio di Scopo, puoi allineare i tuoi pensieri e le tue emozioni per attrarre le risorse necessarie per continuare a vivere e ed esprimere il tuo Scopo. In questo modo, diventa più facile mantenere i tuoi pensieri e le tue emozioni focalizzate nell'azione durante il giorno.

Comportamenti ricorrenti: siamo tutti creature che si basano su abitudini e schemi. Alcuni di questi schemi sono coerenti con il nostro Scopo di Vita Creato (li chiameremo schemi *On*), mentre altri lo sono con lo Scopo di Vita Acquisito (li chiameremo schemi *Off*).

È ovviamente e caldamente consigliato imparare a riconoscere gli schemi Off ed iniziare a liberarsene, ed al contempo creare nuovi schemi On.

Appiattimento dello Scopo: ossia la versione logora e stantia della tua Dichiarazione di Scopo.

La Dichiarazione del tuo Scopo diventerà una banale frase priva di energia, se non ti impegnerai a rigenerarla e rivitalizzarla e mantenerla rigogliosa nella consapevolezza. Grazie alla scatola degli strumenti di cui stiamo parlando, potrai fare in modo che la tua Dichiarazione non decada fino a diventare una mera successione di parole senza alcun potere sulla tua vita.

Consolidare le fondamenta

Prima di continuare a parlare di questi strumenti, prendiamoci un po' di tempo per esplorare alcune delle leggi universali che hanno tanto impatto sulla nostra vita, quanto le leggi fisiche, come ad esempio quella della gravità. Nel prossimo capitolo vedremo come, seguendo la legge d'attrazione e quella di creazione consapevole, sia possibile vivere più facilmente e con maggiore grazia secondo il nostro Scopo.

LA LEGGE DI ATTRAZIONE UNIVERSALE E DI CREAZIONE CONSAPEVOLE

In questo capitolo, esploreremo due potenti leggi spirituali che stanno alla base del vivere secondo il tuo Scopo di Vita Creato: la legge d'attrazione universale e la legge di creazione consapevole.

Iniziamo prendendoci un po' di tempo per considerare la natura universale di queste leggi, partendo dalla loro natura fisica. La legge di gravità farà al caso nostro. Sappiamo tutti che, se cadiamo da un'altezza, qualcosa ci spinge costantemente verso la terra sottostante. Quel *qualcosa* è noto come gravità. Per quel che siamo stati in grado di determinare, la legge di gravità è vera e costante in tutto l'universo conosciuto.

La gravità funziona anche se tu non ne sei cosciente. Immagina di essere in viaggio in Amazzonia, in un'area dove nessuno proveniente dal mondo "moderno" sia mai stato prima. Anche se gli indigeni non avessero la benché minima idea di cosa fosse la legge di gravità, se uno di loro cadesse giù da una collina, egli cadrebbe alla stessa velocità alla quale cadremmo io e te. Perciò, la legge di gravità è costante, che se ne sia consapevole o meno.

Allo stesso modo, la legge di gravità è vera che tu ci creda o no. Puoi pure dire di non credere nella gravità ed esserne convinto fino nel profondo della tua anima. Tuttavia, se cadessi da una collina, ti succederebbe comunque ciò che accadrebbe a tutti noi che invece ci crediamo. È dunque chiaro che questa legge del mondo fisico funziona, indipendentemente da ciò in cui si crede. Non importa nemmeno se ti piace come funziona la gravità o no, perché è lo stesso, che ti piaccia o dispiaccia, che tu la ami o la odi. Ha sempre gli stessi effetti ed è questo che la rende una legge universale.

Ora vorrei che riflettessi su questo: come ci sono leggi che governano l'aspetto fisico della tua esperienza, così ci sono leggi che ne governano gli aspetti metafisici. Due di queste leggi metafisiche sono proprio la legge di attrazione e la legge di creazione consapevole.

La legge di attrazione

Possiamo semplicemente definire questa legge come: "il simile attrae il simile" o anche, come dice il detto: "chi si somiglia, si piglia". Andiamo ora ad analizzare come ciò si applichi al lato metafisico dell'universo o, come lo chiama Ken Wilber nel suo libro *Una teoria del tutto*, il Kosmo. Avevamo già iniziato a studiare i quattro quadranti della mappa del Kosmo, adattati dal lavoro di Wilber. Useremo ancora questa mappa per analizzare le leggi universali di cui sopra e il modo in cui operano, in relazione al tuo vivere secondo il tuo Scopo.

Le informazioni successive sono per rinfrescarci la memoria. Se pensi di ricordarti come funziona la mappa del Kosmo, puoi andare direttamente alla sezione dal titolo *La qualità attrattiva del Kosmo*.

- Il quadrante Superiore Destro rappresenta l'esistenza fisica dell'individuo, il corpo fisico e tutti i livelli che lo rendono tale.
- Il quadrante Inferiore Destro rappresenta ciò che è fisico oltre l'individuo, come la Terra, l'ambiente e le strutture sociali.
- Il quadrante Superiore Sinistro rappresenta gli aspetti non fisici dell'individuo, la loro essenza, la coscienza ed il sé.
- Il quadrante Inferiore Sinistro rappresenta gli aspetti non fisici, tutto quello che va oltre l'individuo, come le nostre culture e visioni del mondo.

La cosa più importante in questo modello del Kosmo è che esso è diviso in due parti principali, quella fisica e quella metafisica. I due quadranti sulla destra descrivono i livelli fisici dell'esistenza, mentre quelli sulla sinistra ne descrivono i livelli metafisici.

Assumiamo ora che gli atomi siano l'unità di base di cui è composto ciò che consideriamo l'universo fisico. Esso è dunque composto di atomi, i quali si aggregano in *molecole di materia*. In altre parole, la metà fisica del Kosmo è composta proprio da queste molecole di materia.

Qual è l'unità di base del livello metafisico? Il lato non fisico del Kosmo è composto da pensieri ed emozioni, i quali si aggregano in *molecole di significato*.

La natura attrattiva del Kosmo

Vediamo ora di capire cosa tutto ciò abbia a che fare con la legge d'attrazione: il simile attrae il simile. Quello che sto suggerendo qui è che, *ad un livello metafisico dell'universo, i pensieri attraggono altri pensieri della stessa natura.*

Ad esempio: diciamo che un mattino ti svegli ed uno dei tuoi primi pensieri sia se riuscirai a pagare tutte le bollette quel mese. Resti a letto ancora un po' e ti chiedi se avrai abbastanza soldi per pagare tutte le tue spese mensili. Quindi, se vai avanti così, alla lunga che succede? Esatto! Inizierai ad attrarre altri pensieri simili e, prima che tu te ne renda conto, creerai una reazione a catena di pensieri nella tua mente, il tutto a causa di un singolo pensiero.

Non ci vorrebbe molto per arrivare a pensieri come: "Non ho mai abbastanza denaro. La vita è sempre così dura. Per quanto duramente io lavori, non riesco mai a mettere da parte nulla..." Prima che tu te ne renda conto, l'unica cosa di cui avrai voglia sarà tirarti la coperta sulla testa e tornare a dormire! Questa è la legge d'attrazione al lavoro.

Fortunatamente, le leggi dell'universo sono acritiche e imparziali. Come esseri umani, c'è stata data libera scelta, il che include il potere di scegliere i nostri pensieri. In realtà, potrebbe sembrarti di non avere questo potere, perché molti di noi lo usano raramente; di conseguenza, sembra che i pensieri *accadano* semplicemente. Anche se a volte i pensieri si manifestano, noi abbiamo sempre l'ultima parola per quel che riguarda i pensieri ai quali vogliamo dedicare la nostra attenzione e la nostra intenzione, e quali invece vogliamo lasciare svanire.

Come disse un maestro Zen: "I pensieri sono come uccelli in volo. Possiamo non avere molto controllo su di loro mentre ci sorvolano, ma possiamo sempre evitare che facciano il nido nei nostri capelli."

In altre parole, possiamo pure decidere di svegliarci alla mattina e concentrarci su pensieri di gratitudine e apprezzamento e, se lo facciamo, proprio per la legge d'attrazione, inizieremo ad attirare altri pensieri della stessa natura. Inizieremo di nuovo con una reazione a catena, solo che questa volta di tratterà di una catena di gratitudine e apprezzamento.

Potresti pensare: "Quindi? Qual è il problema con i pensieri?" Considera questo: tutto ciò che esiste nell'universo fisico che sia stato fatto da mano umana, si è manifestato prima di tutto come idea, ossia come pensiero, sul piano metafisico. I nostri pensieri hanno quindi un enorme potenziale creativo.

Ad esempio: non ho semplicemente iniziato a scrivere questo libro. Innanzitutto, l'idea di farlo si è formata nella mia mente. Ovviamente, in molti pensano di scrivere un libro un giorno. La differenza è che alcuni agiscono secondo questa idea, mentre molti altri no. Come costruiamo quindi un ponte tra il piano metafisico e quello fisico? Come possiamo trasformare pensieri, sogni e visioni in realtà tangibili? Ed ecco dove entra in gioco la seconda legge universale, ossia quella di creazione cousapevole.

La legge di creazione consapevole

Queste due leggi sono talmente intrecciate che diventa difficile parlare di una, senza introdurre l'altra. Vediamo di usare un'altra metafora per estendere la nostra consapevolezza di queste due potenti leggi.

Sicuramente avrai sentito parlare delle proprietà d'attrazione dei magneti, anche se potresti non ricordarti come funzionano. I magneti sono composti da un pezzo di ferro circondato da un campo magnetico.

Se un altro pezzetto di ferro viene a contatto con il campo, esso ne verrà attratto.

Immagina per un attimo gli esseri umani come se fossero dei magneti. L'unica differenza sostanziale è che il campo di forze intorno a noi è composto da pensieri: più i pensieri sono potenti, maggiore sarà la forza attrattiva del campo "magnetico".

Inoltre, esiste un altro tipo di magnete, il quale è molto più potente di quello che abbiamo appena descritto: esso è chiamato elettromagnete. Possiamo fare un elettromagnete semplicemente arrotolando un filo elettrico intorno ad un pezzo di ferro e lasciando poi passare elettricità nel filo. Esistono elettromagneti così potenti da poter sollevare un'automobile!

Poniamo di volerci trasformare in una sorta di potente elettromagnete. Come potremmo trasformare i nostri pensieri in un campo di forza così potente? Cosa sarebbe l'equivalente del campo elettrico per noi, magneti umani? Prenditi un minuto per rifletterci prima di continuare e scrivi le risposte.

Se hai scritto "sentimenti" ed "emozioni", sei sulla strada giusta. Le nostre emozioni sono in grado di caricare i nostri pensieri a tal punto, da renderli in grado di attrarre pensieri simili e altri tipi di risorse. Ma torniamo al nostro esempio.

Pensa di essere a letto a preoccuparti di come pagherai le tue spese. La preoccupazione è semplicemente un modo per descrivere dei pensieri riguardanti qualcosa che non vogliamo nella nostra vita. Ad ogni modo: pensi che starai semplicemente a letto, con un atteggiamento passivo rispetto ai tuoi pensieri? Probabilmente no. Se lasciassi semplicemente vagare quei pensieri nella tua mente, non ne attrarresti altri simili. La maggior parte del tempo, questo tipo di pensieri è accompagnato da emozioni molto potenti quali paura, scarsità, rabbia, ansia e frustrazione.

Nota come tali pensieri ed emozioni siano correlati con il tuo Scopo Acquisito.

D'altro canto, se invece sei a letto ed esprimi pensieri di gratitudine ed apprezzamento, puoi decidere di caricarli con sentimenti d'amore, abbondanza e gioia. È proprio in questi momenti che il tuo Scopo di Vita Creato dà forma alla tua vita. Ed ecco un modo estremamente energetico per iniziare la giornata: appena sveglio e ancora a letto, pensa e *senti* la tua Dichiarazione di Scopo di Vita. Così facendo, inizi la tua giornata permettendo al tuo Scopo Creato di determinare la tua vita.

In pratica, i tuoi pensieri e le tue emozioni giocano di squadra nell'attrarre le risorse per creare la tua vita. Ed è proprio così che il piano del Kosmos metafisico è collegato con quello fisico, attraverso un ponte costruito dai seguenti mattoni:

- Ciò che dici: ciò che dichiari essere possibile, ciò che prometti e richiedi e così via.
- Ciò che fai: le azioni che seguono alle tue parole.

Un altro punto importante: *più fai sì che i tuoi pensieri, le tue parole, emozioni ed azioni siano allineate e coerenti tra di loro, più la tua energia creativa sarà uniformata; di conseguenza, il processo creativo sarà estremamente più semplice e fluido.*

Molti vanno incontro alle stesse difficoltà, nel momento in cui questi strumenti creativi - pensieri, emozioni, parole ed azioni - non sono allineati. A volte diciamo una cosa e ne pensiamo un'altra, per poi agire secondo un miscuglio di entrambe. Il risultato è un po' come cercare di guidare con un piede sull'acceleratore e l'altro sul freno: diventa davvero dura per il motore!

Lo spazio di addizione

Andremo ora ad analizzare più nel dettaglio lo spazio di addizione, ossia l'area nel centro della mappa, nel punto in cui tutti i quadranti si incontrano. In questo spazio non c'è più alcuna necessità di vivere secondo una prospettiva di *aut/aut*, né di guardare il mondo attraverso le categorie di buono/cattivo e giusto/sbagliato. È proprio iniziando a vivere secondo questo spazio di addizione, che troviamo la vera libertà.

Cerchiamo di chiarire meglio il concetto con un esempio. Abbiamo già analizzato dove vive il corpo e dove il pensiero. Ma per quel che riguarda la musica? Dove pensi che viva la musica?

Ripensa all'ultima volta in cui l'Italia ha vinto un mondiale di calcio o una medaglia importante alle Olimpiadi. Immagina di essere riunito con la tua famiglia e gli amici attorno al televisore e che uno dei tuoi figli o nipoti sogni di diventare un grande atleta. Iniziano a suonare l'inno di Mameli...

Dove vive *quell'*esperienza musicale? Solo nel lato fisico del Kosmos o solo in quello non-fisico? In realtà, essa vive in entrambe le aree ed in tutti e quattro i quadranti, in particolare nello spazio di addizione. Non nel metafisico *o* nel fisico, non in quello sociale *o* individuale, bensì in *tutti e quattro*.

Ed è proprio lì dove il tuo Scopo di Vita può vivere, respirare, crescere ed essere nutrito al meglio. Possiamo usare l'energia di tutti e quattro i quadranti per energizzare e migliorare la nostra vita. Per riassumere: *il tuo Scopo di Vita nasce nel lato metafisico dell'universo e viene espresso attraverso tutti e quattro i quadranti del Kosmo.*

La legge d'attrazione e lo Scopo Acquisito nelle coppie

A volte mi capita di lavorare con delle coppie e supportarle nel vivere secondo il loro Scopo. Una cosa che ho notato è come gli scopi acquisiti di entrambi possano mettersi l'uno contro l'altro; in questo modo, si crea un estenuante circolo vizioso che porta spesso ad accesi litigi, che seguono di norma il seguente schema: uno dei due dice qualcosa che in qualche modo spaventa l'altra. "Tesoro, sto pensando di comprare uno yacht." Lo Scopo Acquisito di Tesoro si basa sulla mancanza, e così esso si infiamma.

Tesoro risponde dicendo: "Ma, Caro, possiamo permettercelo? Se ci pensi, tra non molto Alice andrà all'università", cosa che infiamma lo Scopo Acquisito di Caro, che teme di non riuscire mai ad ottenere le cose a modo suo.

"Ma Tesoro, Alice inizierà l'università tra non meno di quattro anni! Inoltre, pensa a quanto potremmo divertirci tutti insieme sulla nostra nuova barca. Ho addirittura già trovato quella perfetta per noi e ho pagato un acconto. Fidati stavolta: so cosa sto facendo!"

Una parte dello Scopo Acquisito di Tesoro è che non ci si può fidare degli uomini, così quest'ultima frase ha l'effetto esattamente opposto a quello desiderato. Almeno finché uno dei due non sarà in grado di riconoscere la dinamica di questo circolo vizioso, esso continuerà nel suo corso. Tuttavia, come impareremo tra poco, esiste uno strumento molto efficace per vivere secondo il tuo Scopo: l'Inversione di Scopo, la quale può essere usata per cambiare la direzione di questo circolo.

Il mare di significato in cui viviamo

C'è un detto che dice: "L'Uomo è per se stesso, ciò che l'acqua è per un pesce." Vediamo di parafrasare questo detto ed estenderlo ulteriormente. Rifletti su questo:

Gli essere umani nascono e vivono in un "mare di significato", il quale ha un tale impatto su di noi, da poter essere paragonato all'acqua per un pesce, perché è altrettanto trasparente e al di fuori della nostra consapevolezza per la maggior parte del tempo.

Il "mare di significato" è una metafora per descrivere il modo in cui la parte non fisica del Kosmo influenza la nostra percezione della vita nel mondo fisico in cui viviamo. Mettiamo ora tutto questo insieme con un altra distinzione, nota come il modello Essere-Fare-Avere.

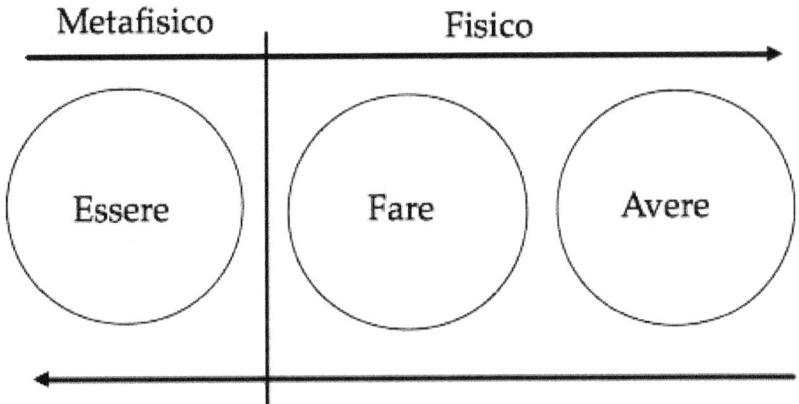

Considera ognuno dei tre cerchi come tre diversi aspetti della vita di una persona. Nella vita di tutti noi c'è una parte che può essere chiamata "avere", la maggior parte di noi ha, per esempio, un lavoro, una casa, delle persone care, delle cose e così via. Come abbiamo già analizzato all'inizio di questo libro, tutti stiamo sempre facendo qualcosa in ogni istante della nostra vita, e questo può essere semplicemente denominato "fare". Infine, ecco la parte che definiamo come "essere": proprio come stiamo sempre facendo qualcosa in ogni istante delle nostre vite, così siamo sempre qualcosa in ogni momento; o meglio, si tratta di diversi "modi di essere".

Eppure, mentre il "fare" e l'"avere" hanno ricevuto molta attenzione nella nostra società, non possiamo dire lo stesso per quel che riguarda l'"essere", e questo perché è più facile essere consapevoli e comprendere la parte fisica del Kosmo, la quale è costituita da fare ed avere.

Quello che intendo, è che il vero potere di dar forma alla nostra esperienza del mondo fisico risiede nell'ambito dell'essere e che è proprio questo ambito metafisico ad essere composto da molecole di significato che nascono dalla combinazione di pensieri ed emozioni.

Ti chiederò ora di prendere in considerazione qualcosa che potrebbe non piacerti all'inizio. Tuttavia, penso che, se manterrai la tua mente aperta, potrebbe rivelarsi piuttosto illuminante. Innanzitutto, sto per insinuare che la maggior parte di noi vive nel modo sbagliato o, perlomeno, nel modo meno valido ed efficace.

Convenzionalmente, affrontiamo la vita dal punto di vista del fare e dell'avere, piuttosto che da quello dell'essere (nota la freccia inferiore nel diagramma qui sotto). Eppure, il vero potere nasce solo dall'inversione di quest'ordine, poiché quella è la direzione in cui si muove l'universo.

Chi siamo, incluso chi pensiamo di essere, è ciò che determina le azioni che decidiamo di intraprendere, incluso ciò che diciamo. Ma cosa costituisce ciò che pensiamo di essere? La nostra essenza è fatta di pensieri e sensazioni; di conseguenza, è quindi la somma dei nostri pensieri, delle nostre emozioni, parole ed azioni che determina ciò che abbiamo nelle nostre vite.

La domanda fondamentale è dunque: "Dove nascono i nostri pensieri e le nostre sensazioni?" La risposta secondo la prospettiva Life on Purpose è che essi possono nascere dal nostro Scopo di Vita Creato o dal nostro Scopo Acquisito.

Ecco un altro modo di porre la domanda che abbiamo analizzato lungo il Cammino:

Da cosa viene determinata la tua vita in questo momento? Dal tuo Scopo di Vita Creato e basato sull'amore universale o dal tuo Scopo Acquisito basato sulla paura?

TRE DIVERSE VIE PER CREARE UNA VITA CON UNO SCOPO

Ci sono almeno tre diversi modi in cui possiamo creare la nostra Vita con uno Scopo, come vedrai di seguito. In realtà, molti usano una combinazione delle tre.

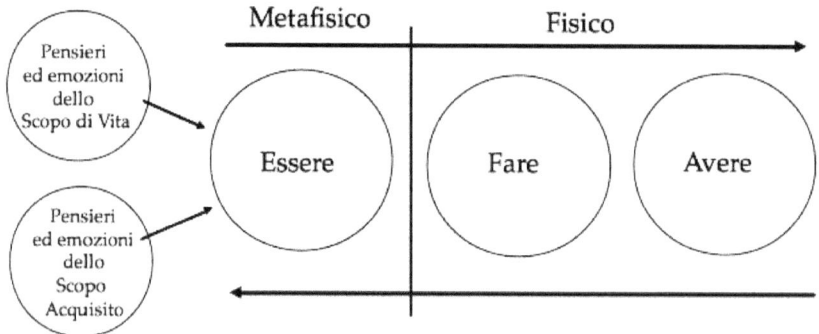

Il metodo esplosivo

Alcune persone sono talmente entusiaste quando riescono finalmente a trovare il loro vero Scopo di Vita o sono talmente frustrate per il modo in cui hanno vissuto fino a quel momento, da essere tentate di far "esplodere" la loro vecchia vita. In casi estremi, sono pronti a lasciare il loro lavoro, (anche se non hanno risparmi), divorziare dal loro compagno e comprare un biglietto aereo per l'India, dove pensano di potersi semplicemente mettere a sedere sul fianco di una montagna e meditare.

Ovviamente, un tale approccio può avere degli effetti collaterali per i quali potresti non essere preparato. Allo stesso tempo, potresti aver creato una situazione tale, per la quale la soluzione migliore sarebbe davvero farla esplodere. Sta a te decidere. Il mio lavoro come coach è semplicemente quello di farti notare diverse possibilità per ridisegnare la tua vita, in modo da poter prendere una decisione ponderata; inoltre, sono qui anche per incoraggiarti a considerare i già citati effetti collaterali di tale approccio estremo su di te e coloro che ti stanno vicino.

Ad esempio, parecchi anni fa ho lavorato con una donna del Midwest per chiarificare il suo Scopo di Vita. Fu un'ottima cliente, molto aperta al cambiamento per quel che riguardava se stessa ed il marito, con il quale era sposata da ventidue anni. Purtroppo, lui non riusciva o non voleva vedere la possibilità di fare nessuno di quei cambiamenti. Non che lui fosse felice della sua vita com'era, piuttosto era rassegnato. Quindi, dopo mesi di vani tentativi di coinvolgerlo nei suddetti cambiamenti, lei si decise a seguire le briciole sul sentiero delle sue passioni, con o senza di lui.

Si mise in viaggio con la figlia e, arrivata nelle Hawaii, si innamorò del posto. Capì che quello era il luogo dove voleva vivere e fondò un centro di cura. Tuttavia, una volta rientrata negli Stati Uniti, non riuscì neppure a far sì che il marito prendesse in considerazione l'idea, poiché era completamente bloccato nel suo voler vivere a tutti i costi in maniera sicura, nonostante ammettesse apertamente di non essere felice. Alla fine, lei chiese il divorzio e si trasferì definitivamente alle Hawaii per portare avanti il suo progetto.

È stato un rapporto di coaching piuttosto impegnativo per me, in quanto credo fermamente nella santità del matrimonio e nei voti nuziali. Inoltre, dovetti affrontare il mio stesso Scopo Acquisito, nei momenti in cui temevo di poter ricevere una telefonata o una visita dal marito infuriato, il quale mi avrebbe accusato di aver fatto il lavaggio del cervello alla moglie, rivoltandola contro di lui.

Il metodo del martello e dello scalpello

Per molti, sembra più logico e saggio ridisegnare la loro vita con questo metodo, con il quale è possibile eliminare accuratamente gli aspetti della vita che ci sembrano non appartenerci più. Se conoscete la storia di Michelangelo, questo metodo assomiglia un po' al suo, o perlomeno a come si dice che abbia creato una delle sue opere maggiori: l'artista disse di aver visto David nel blocco di marmo e di aver lavorato la roccia in modo da eliminare tutto ciò che non fosse David stesso.

Alcuni esempi per te:

- Apportare determinati cambiamenti alla tua situazione lavorativa nel tempo.
- Allontanarsi da alcune amicizie che si basano principalmente sullo Scopo Acquisito.
- Suggerire cambiamenti che possano applicarsi al rapporto con il tuo compagno in modo da rendere la relazione più in linea con il tuo Scopo di Vita.
- Smettere di svolgere attività derivate dal tuo Scopo Acquisito e sostituirle con altre, derivate stavolta dal tuo vero Scopo.

Come potresti usare martello e scalpello per creare la tua opera d'arte?

Il metodo del panno lucidante

Questo è il metodo più sottile di tutti, con il quale puoi lucidare la tua vita con cura e farla diventare un riflesso del tuo vero Scopo di Vita, il quale diventerà il sostegno di ogni tua azione. Questo può anche includere l'utilizzo di alcuni degli strumenti di cui abbiamo già parlato e che analizzeremo più in dettaglio in seguito.

Qualsiasi metodo tu decida di utilizzare, ricordati che il nostro intento principale non è il cambiamento in sé, bensì il tipo di cambiamento che porterà la tua vita ad allinearsi con la tua visione di ciò che è possibile, i tuoi valori di base e l'essenza di chi sei. In questo modo, capirai che non c'è bisogno di aspettare il giorno in cui potrai vivere secondo il tuo Scopo, perché puoi iniziare questa esperienza *proprio adesso*. In realtà, è solo nel presente che puoi vivere secondo il tuo Scopo.

Andiamo ora ad analizzare gli strumenti che ti aiuteranno a creare consapevolmente una vita in armonia con la legge d'attrazione e quella di creazione significativa. Iniziamo dunque con le attività Pratiche, le Riflessioni e le Preghiere.

ATTIVITÀ PRATICHE, RIFLESSIONI E PREGHIERE

Iniziamo da uno degli strumenti più importanti, le Pratiche. Nel frattempo, acquisiremo anche familiarità con gli altri strumenti.

Pratiche

Si tratta di attività che svolgi con regolarità per mantenerti presente e consapevole del tuo Scopo di Vita. Puoi vederla anche come una sorta di Pratica spirituale. Molte persone seguono delle attività regolari che le aiutano a mantenere una solida relazione con Dio o un potere superiore. Alcuni esempi:

- Leggere del materiale spirituale quotidianamente
- Pronunciare una benedizione prima di ogni pasto
- Partecipare ad un qualche tipo di associazione spirituale una o più volte alla settimana
- Dire una preghiera prima di addormentarsi
- Meditare regolarmente

Sceglaimone una: alcune persone pronunciano una formula di benedizione prima di consumare i loro pasti, con l'intenzione di essere più consapevoli della generosa abbondanza che ricevono da Dio. Eppure, cosa succede a queste benedizioni quotidiane? Per molti, diventano semplicemente un'abitudine. E qual è la differenza tra una Pratica ed un'abitudine? Entrambe vengono svolte regolarmente nel tempo. Tuttavia, mentre la seconda viene normalmente eseguita automaticamente senza apportare alcun cambiamento al tuo livello di consapevolezza, la prima porta proprio a questo.

Ovviamente, ci sono buone e cattive abitudini. Ad esempio, io mi lavo i denti ogni mattina e, nonostante la consideri una buona abitudine, questa non cambia il mio livello di consapevolezza. In effetti, mi capita spesso di non ricordarmi nemmeno se mi sono lavato i denti, perché ciò avviene automaticamente.

Un esempio di una benedizione divenuta automatica è il seguente:

Benedetto Colui dei cui beni abbiamo mangiato e per la cui grande bontà viviamo!

Quando pronunciamo una benedizione in modo automatico, questa non cambia molto la nostra consapevolezza di Dio o dell'abbondanza che ci circonda. Lo stesso può accadere con una Pratica: all'inizio, può sembrare ispirante ed è quello di cui hai bisogno. Eppure, dopo alcuni giorni, settimane o mesi, occorre rimanere davvero presenti per non farla diventare un automatismo. Ed ecco un altro paradosso dello Scopo: se da una parte è una buona idea sviluppare l'abitudine di una Pratica legata allo Scopo in maniera quotidiana, dall'altra non vuoi certo che questa diventi qualcosa che fai in maniera automatica e senza esserne pienamente consapevole.

Come impareremo nell'esercizio alla fine del capitolo, è fondamentale che la tua Pratica dello Scopo sia qualcosa che si vada ad inserire naturalmente nella tua routine quotidiana. Se non è così, sarà davvero difficile mantenerla nel tempo. Ricordati: il tuo obiettivo è di sviluppare una Pratica legata al tuo Scopo, la quale non si riduca però a mero automatismo.

Ecco alcuni esempi di Pratiche che altri hanno creato:

- Uno dei miei clienti, un agente immobiliare di successo, ama correre lunghe distanze e, poiché lo fa cinque o sei volte alla settimana, ha deciso di incorporare la sua pratica nel suo programma di corsa. Ogni volta che va a correre, aspetta di essere arrivato nella zona pedonale per iniziare a recitare la sua Dichiarazione di Scopo, spesso ad alta voce. Dice che non solo mantiene il suo Scopo di Vita vivo e in forma, ma addirittura che ciò migliora le sue prestazioni di corsa.

- Ad un'altra cliente piace molto cantare nella doccia. Visto che fare la doccia è parte della sua routine quotidiana, ha creato una canzone che include la sua Dichiarazione di Scopo, in modo da poterla cantare sotto il getto d'acqua.

- Una terza cliente, invece, ha un cane che ha bisogno di essere portato fuori almeno tre volte al giorno. Così lei ha deciso di usare quel tempo per recitare e riflettere sul suo Scopo di Vita non solo una, bensì tre volte al giorno.

Passiamo ora ad analizzare un altro tipo di Pratica che puoi incorporare nella tua giornata per continuare a vivere secondo il tuo Scopo.

Riflessioni

Una Riflessione è una domanda che ci poniamo quotidianamente per aumentare la nostra consapevolezza riguardante lo Scopo. In qualche modo, è una Pratica modificata ma, a differenza di questa, una Riflessione è una domanda che ci si può porre più volte durante tutta la giornata. Iniziare la giornata con una Pratica e potenziarla durante il giorno attraverso una Riflessione è una combinazione vincente.

Di seguito troverai alcuni esempi di Riflessioni basate sul mio Scopo di Vita, ossia "Una vita vissuta al servizio degli altri, con passione e allegria, in cosciente abbondanza bilanciata da semplicità e serenità spirituale":

- In questo momento, sto vivendo una vita al servizio degli altri, con semplicità e serenità spirituale?
- In questo momento, come posso essere d'aiuto in modo semplice e sereno?
- In questo momento, sto vivendo una vita di servizio appassionato e giocoso?

In alcuni monasteri Zen, un gong viene fatto suonare durante la giornata in modo casuale. Non appena ne sentono il suono, i monaci si fermano per un istante per diventare più presenti e consapevoli di ciò che li circonda. Puoi usare la tua Riflessione come un gong che ti permetterà di interrompere l'automatismo caratteristico del tuo Scopo Acquisito.

Infine, vediamo come usare una versione estesa della tua Dichiarazione di Scopo per sostenerti durante tutto il giorno.

Preghiere

Anch'essa un tipo di Pratica, una Preghiera per come la intendiamo nel nostro ambito è un testo che include il tuo Scopo e che reciti con entusiasmo, in quanto dichiarazione creativa di chi sarai quel giorno.

Una delle mie Pratiche preferite è la mia passeggiata mattutina. Poiché vivo in un luogo particolarmente suggestivo, ossia le montagne Blue Ridge nella Carolina del Nord, trovo che camminare in mezzo alla natura mi aiuti ad entrare in contatto più facilmente con il mio Scopo di Vita e con l'energia divina dal quale deriva. Spesso, durante le mie passeggiate, recito ad alta voce la seguente Preghiera:

> Buongiorno Dea Madre, Dio Padre, Universo Infinito. Eccomi qui per co-creare chi sono. Chi sono è chi dichiaro di essere mentre ascolto in modo semplice, generoso, amorevole e pieno di grazia. Chi dichiaro di essere è un essere spirituale divino che sceglie di vivere una *vita ispirante ed ispirata con uno Scopo, al servizio degli altri, con passione e allegria, in cosciente abbondanza bilanciata da semplicità e serenità spirituale.* Questo è ciò che sono.
>
> Sono sereno e ho fede fino nel profondo del mio essere e della mia anima perché so che, continuando a vivere secondo lo Scopo che ho deciso di essere, l'intero Universo/Dio continuerà a provvedere ampiamente, con generosità e perfetto tempismo con le risorse a me necessarie per l'espressione e la realizzazione del mio Scopo stesso.
>
> Quindi, il mio compito principale è continuare a vivere secondo il mio Scopo ed è proprio ciò che faccio: vivo una vita al servizio degli altri, con passione e allegria, in cosciente abbondanza bilanciata da semplicità e serenità spirituale. Ciò per cui sono più grato è proprio questa chiarezza, la quale mi permette di attingere da una fonte illimitata di passione, entusiasmo, amore e saggezza, mentre resto al servizio dell'umanità, della vita, dell'amata Madre Terra e infine di Dio, con passione e letizia, stupore e sorpresa, libertà e armonia.
>
> Inoltre, vivo in cosciente abbondanza bilanciata da

semplicità; la mia esperienza mi insegna ogni giorno a vivere ed essere parte integrante di un universo infinitamente abbondante, nel quale ci sono illimitate risorse di ogni sorta disponibili prontamente, se richieste. Il mio modo di vivere con semplicità ed eleganza bilancia questa mia consapevolezza.

Più di ogni altra cosa, vivo con serenità spirituale, sapendo di essere costantemente connesso e in comunicazione con la coscienza cosmica che chiamo Dio, forza creatrice di questo incredibile Kosmo.

Chiaramente, una Preghiera dello Scopo non deve essere così lunga per essere efficace. Di seguito ne troverai un paio di più brevi. La prima è ciò che recita ogni mattina Suzanne Wade, della città di Seaford nel Delaware, per ricordarsi che la sua è una vita di soddisfazione gioiosa, appassionata e creativa ed abbondanza, in armonia con la natura e la saggezza ed al servizio degli altri.

Eccomi all'inizio di un nuovo giorno. Dio, ti prego di aiutarmi a portare gioia, passione e creatività a chiunque incontri ed a tutto ciò che faccio. Aiutami ad apprezzare tutto quello che potrei imparare dagli altri e a capire come questo giorno migliorerà la mia vita e quella di quelli intorno a me. Aiutami a rimanere consapevole della bellezza e della ricchezza della natura che tu hai creato. E soprattutto, aiutami ad usare al meglio il tempo che tu mi hai generosamente donato.

La seconda è di Jeff McFarland della città di Columbia, nel Maryland. La sua è una vita avventurosa e spiritualmente vivace che si basa sulla consapevolezza dell'abbondanza, sulla creatività, sull'amore e la compassione, la pace e la gioia, così come sull'ispirato servizio al prossimo.

Sono un'espressione dinamica dell'infinito, integra e completa. Centrata su Dio, la mia esperienza di vita scorre in prosperità e grazia, libera da tensione e stress.

Vivo una vita avventurosa e spiritualmente vivace che si basa sulla consapevolezza dell'abbondanza, sulla creatività, sull'amore e la compassione, la pace e la gioia, così come sull'ispirato servizio al prossimo.

Oggi, mi aspetto che nuove ed interessanti cose arrivino ad aprire la strada verso il successo. Metto tutto me stesso in ogni cosa che faccio e mi presento come un dono ovunque vada.

Ti ringrazio, Dio.

Ed ecco l'ultima Preghiera, quella di Susan Wulfekuhler di Eugene, nell'Oregon. Il suo Scopo di Vita consiste nel celebrare ciò che è sacro; creare, amare, ascoltare intensamente, tessere fili di significato, prendersi cura del prossimo compassionevolmente e vivere con sfrontatezza.

O Colui che è santo,
In questo giorno, ti prego affinché io possa:
Vivere intensamente e secondo il mio Scopo,
Celebrare la sacralità della vita in ogni cosa che faccio,
Essere presente in ogni momento di questa giornata,
Vivere liberamente, senza dipendere dai risultati,
Prestare attentamente ascolto al tuo Spirito dentro di me,
alla Terra ed ai miei compagni di viaggio,
Tessere fili di significato,
Seguire i miei sogni creativi,
 Prendermi cura del prossimo compassionevolmente,
Amare con generosità con tutto il mio cuore,
Trovare il modo di essere sempre un'espressione di amore e compassione per il mondo,
Vivere in gratitudine e generosità di spirito.
Aiutami a sostenere questa visione ed a rinnovarla quotidianamente nel mio cuore,
In modo da divenire ancora di più uno solo con te, il mio Vero Sé.

Come vedrai nell'esercizio che ti guiderà nel creare le tue Pratiche dello Scopo, una parte fondamentale dell'attività è proprio di fare ciò divertendoti. Questo non significa che tu debba gridare dal tetto della tua casa, anche se effettivamente potresti... Il punto è farlo con del sentimento. Infatti, creare la tua Vita con uno Scopo mette insieme mente e cuore, ossia la tua natura intellettiva e quella emotiva. La maggior parte dell'energia proviene dalla tua natura emotiva, come dichiarato nella legge di creazione consapevole.

Come creare delle Pratiche valide ed efficaci

Pratiche: Si tratta di attività che svolgi con regolarità per mantenerti presente e consapevole del tuo Scopo di Vita.

La definizione qui sopra può essere utile come linea guida per creare una Pratica. Ecco di seguito i quattro criteri:

1. **Attività**: è una Pratica e un'attività, qualcosa che fai.
2. **Regolarità**: anch'essa è qualcosa che fai in maniera regolare nel tempo. Se la svolgi saltuariamente, è molto meno efficace.
3. **Presenza e consapevolezza**: si tratta di una Pratica solo nel momento in cui ti aiuta a rimanere presente e consapevole. In caso contrario, diventa un'abitudine.
4. **Scopo di Vita**: consapevole di cosa? Ovviamente, del tuo Scopo di Vita!

Ecco alcuni suggerimenti per creare una Pratica:

1. Inizia con una sola attività. Svolgi quell'attività con costanza incrollabile, ossia ogni singolo giorno della settimana, cercando di non saltarne nemmeno uno. È di gran lunga più efficace scegliere una sola Pratica e svolgerla con costanza, piuttosto che seguirne una mezza dozzina di tanto in tanto. Inizia con una.

2. Integrala nella tua routine. Poiché la tua Pratica dev'essere qualcosa che puoi avere la possibilità di fare ogni giorno, assicurati di scegliere qualcosa che si inserisca armoniosamente nella tua giornata. Ad esempio, la mia Pratica numero Uno è camminare ogni mattino. Mentre cammino, decido chi sarò quel giorno, recitando ad alta voce la mia Preghiera. La mia Preghiera è la mia volontà che dichiara che sarà il mio Scopo di Vita Creato a determinare la mia giornata.

I motivi per cui ho scelto proprio questa Pratica:

- Amo camminare. La maggior parte delle volte lo faccio con il mio cane, così entrambi facciamo del movimento e ne beneficiamo.

- Vivo nella natura, in un luogo splendido, dove è particolarmente rilassante ed ispirante camminare e questo rende mantenere la mia Pratica costante più facile.
- Non richiede un grosso sforzo mantenere questa Pratica, anche quando non sono a casa. Avrei potuto scegliere qualcos'altro come Pratica mattutina, come guidare fino al mio luogo preferito sulle montagne - Jump Off Rock - ma so già che non avrei voglia di impiegare dai venti ai trenta minuti per andare e tornare ogni giorno.
- Per questo, mi riservo questo posto per una Pratica secondaria, della quale parleremo più avanti. Inizia dunque con qualcosa che puoi integrare facilmente nella tua routine.

3. Più attiva è, meglio è (nei limiti del buonsenso). Pensare semplicemente al tuo Scopo è meno attivo e meno efficace di dirlo ad alta voce o scriverlo. La tua Pratica deve essere attiva, in modo da metterti in contatto con il tuo Scopo. Personalmente, mi sono reso conto che, nei giorni in cui riesco a sentire più intensamente la mia Preghiera, resto più in linea con il mio Scopo per tutta la giornata.

4. Non dimenticare: si tratta del tuo Scopo. La meditazione in senso stretto non è esattamente una Pratica, anche se può essere estremamente efficace come preparazione ad essa. La meditazione riguarda l'essere presente nell'assenza di pensieri. Tuttavia, ciò non riguarda il tuo Scopo. Ad ogni modo, connettere le due cose - ossia la meditazione prima e la Pratica poi - può dare origine ad una combinazione eccezionalmente efficace.

5. Divertiti! Più ti diverti facendola, più è probabile che tu lo faccia. In caso contrario, non farai altro che soffrire tutto il tempo. Ricordati il mio cliente che ama correre e, mentre lo fa, dice la sua Dichiarazione di Scopo per la giornata. Ecco, fai sì che la tua Pratica sia semplice e piacevole.

Chiamata all'azione: Crea una Pratica ed inizia a svolgerla ogni giorno per i prossimi ventotto giorni.

Potresti iniziare con una lista di quattro o cinque possibili Pratiche e poi sceglierne una, o fonderne alcune in modo da creare qualcosa di nuovo, una sorta di Pratica di prova, che testerai per i prossimi ventotto giorni. Puoi sempre decidere di mettere da parte una Pratica, nel momento in cui ti rendi conto della sua inefficacia nel mantenerti consapevole del tuo Scopo. Assicurati però di crearne una nuova.

Consiglio anche di far sapere ad alcune persone a te vicine ciò che stai facendo. Iniziare una nuova routine può essere davvero dura per molti: passati i primi giorni, la tua vecchia vita potrebbe riprende il controllo e, prima che tu te ne renda conto, la nuova routine sarà finita nel dimenticatoio, insieme al tuo Scopo di Vita. Non lasciare che questo succeda. Rendi altre persone partecipi di ciò che stai facendo, in modo da avere più supporto e motivazione per vivere secondo il tuo Scopo.

Compiti Bonus: Crea una o più Riflessioni da utilizzare nei prossimi ventotto giorni per mantenere il tuo Scopo vivo e vegeto nella tua consapevolezza.

L'INVERSIONE DI SCOPO

Questo strumento, proprio come gli altri di cui abbiamo parlato finora, è sorprendentemente semplice da capire e vale decisamente la pena investirci del tempo per imparare ad utilizzarlo al meglio. L'Inversione non funziona solo come un dispositivo che rileva e ti avverte ogni volta che il tuo Scopo Acquisito subentra a quello Creato, ma anche come mezzo per aiutarti a rientrare in carreggiata. E, più usufruirai dell'Inversione, più competente diventerai nell'usarla e nel vivere secondo il tuo Scopo.

Per comprendere a fondo come funziona l'Inversione, possiamo pensare al pilota automatico di un aereo. Diciamo che tu sia un pilota e voglia volare da New York a Los Angeles, senza però dover rimanere tutto il tempo ai comandi. Puoi quindi decidere di usare il pilota automatico per mantenere la rotta. La verità è che un aereo che voli affidandosi al pilota automatico è fuori rotta per la maggior parte del tempo. Questo strumento funziona apportando piccoli cambiamenti continui: se l'aereo inizia a virare troppo verso sud, il pilota automatico modificherà la rotta verso nord. Presto l'aereo sarà leggermente fuori rotta verso nord, così la rotta verrà nuovamente modificata, stavolta verso sud. Nonostante l'aereo passerà la maggior parte del tempo deviando leggermente dal suo percorso, verso nord o sud, arriverà comunque a destinazione seguendo la sua "rotta".

L'Inversione di Scopo funziona in maniera simile: inizi la giornata con l'intenzione di vivere secondo il tuo Scopo ma, se sei come la maggior parte delle persone, non passerà molto prima che qualcosa ti spinga fuori rotta. Può essere che tu non ti svegli in tempo, o che tu scopra il disastro che ha combinato il tuo cane in cucina, o un litigio con il tuo partner, o rimanere intrappolato nel traffico... Il mondo ci dà infinite opportunità per praticare l'Inversione.

Se vivendo secondo il tuo Scopo perdi un po' di spinta, di passione e spensieratezza, a seconda di com'è il tuo pilota automatico, potresti finire fuori rotta per un bel po', prima di renderti conto che stai andando nella direzione sbagliata. In questo tempo, la tua vita è stata determinata non dal tuo Scopo Creato, bensì da quello Acquisito.

Nel momento in cui ti rendi conto che non stai vivendo secondo il tuo Scopo, puoi iniziare un'Inversione, il potere della quale inizia proprio con questa consapevolezza, trasformando di conseguenza il tuo Scopo Acquisito in un alleato che suona una sorta di campanello e ti riporta al presente. Come vedremo, l'Inversione è costituita da due parti.

Prima parte: identificare i sintomi della "Scopo Acquisitite"

L'idea di fondo di questo esercizio è l'essere in grado di identificare quando è lo Scopo Acquisito a condurre lo spettacolo.

Pensa ad esso come ad una malattia virale, ad esempio l'influenza. Quando sei malato, lo sai grazie ad alcuni specifici sintomi, come indolenzimento, febbre, tosse, perdita di appetito e così via. Allo stesso modo, sai quando stai bene, perché i sintomi sono altri: ti senti pieno di energia, pensi con chiarezza ed hai appetito. Proprio come star bene o essere malato hanno diversi segni identificativi, così li hanno pure i tuoi scopi, Acquisito e Creato.

Prima di proseguire, analizziamo i sintomi del tuo Scopo Acquisito nei seguenti quattro passaggi:

1. **Identifica il tuo Scopo Acquisito** ed inizia a notare quando sta conducendo la tua vita.

2. **Nota cosa fa scattare il tuo Scopo Acquisito.** Cosa lo accende? Pensa a quando ti trovi ad affrontare una minaccia, vera o apparente che sia: di solito, cosa ti spaventa o intimorisce? Una lettera proveniente dall'agenzia delle entrate, un assegno respinto dalla banca, un nuovo progetto abitativo che ti costerà un sacco di soldi?

3. **Quando queste cose avvengono, come reagisci, quali sono i tuoi pensieri?** Cerca di notare sia il tono generale dei tuoi pensieri, sia qualsiasi pensiero specifico tu sia in grado di individuare. Quali azioni o assenza di tali riesci a notare? Ti preoccupi forse di come guadagnare abbastanza, non riesci a dormire alla notte, ti senti come se il peso del mondo fosse sulle tue spalle, ti senti sopraffatto o pensi di dover lavorare ancora più duramente?

4. **Concediti di entrare in contatto con le tue emozioni** mentre sei sotto l'influenza dello Scopo Acquisito. Non giudicare negativamente il modo in cui ti senti, né te stesso. Ancora più importante, non cadere nella trappola di essere troppo indulgente con te stesso. Semplicemente, diventa consapevole di come ti senti quando è il tuo Scopo Acquisito a determinare la tua vita. Ti senti frustrato, irritato, di fretta? Ti senti triste ed a volte arrabbiato?

Nel terzo passaggio imparerai a riconoscere i sintomi del tuo Scopo Acquisito quando si scatena.

Iniziamo l'esercizio

Perché è importante identificare i sintomi del tuo Scopo Acquisito? Perché, una volta identificati, saprai con esattezza quando è il tuo Scopo Acquisito a condurre la tua vita. Prima trovi i sintomi e più rapidamente sarai in grado di invertire la marcia verso il tuo Scopo di Vita Creato.

Per estendere il paragone, se sei consapevole del tuo corpo e delle tue condizioni fisiche, sei anche solitamente in grado di capire quando sei in procinto di ammalarti,e quindi ancora in tempo per affrontare la malattia prima che si aggravi. La stessa cosa succede con il tuo Scopo Acquisito.

Se senti che ti sta venendo un raffreddore, puoi prenderti un giorno in più di riposo o della vitamina C e così via. Se senti che lo Scopo Acquisito sta entrando in azione, puoi affidarti all'Inversione. E questa è la seconda parte dell'esercizio.

Seconda parte: come fare l'Inversione da Scopo Acquisito a Scopo di Vita Creato

Il primo passo consiste nell'identificare con sicurezza i momenti in cui il tuo Scopo Acquisito sta determinando la tua vita e far seguire a ciò una scelta consapevole: puoi decidere che sia esso a continuare a condurre lo spettacolo o scegliere che sia il tuo Scopo Creato ad andare avanti.

L'Inversione diventa possibile nel momento esatto in cui ti rendi conto di cosa stia determinando la tua vita in quel momento. Non giudicarti, osserva solo cosa sta succedendo. Diventando consapevole del tuo Scopo Acquisito, lo stai già tirando fuori dalle quinte, dove ha molto più potere sulla tua vita, verso la ribalta, dove perde il suo controllo su di te.

Questo non è tuttavia sufficiente. Spesso, quando si inizia a lavorare con questa distinzione di scopi, si diventa molto abili nell'identificare lo Scopo Acquisito in azione. Spesso sembra che esso determini davvero tutto. Eppure, gli si consente di lasciarlo operare. Quello che succede è che si finisce per sceglierlo in maniera consapevole, ossia non scegliendo qualcos'altro.

Ed ecco che le leggi di attrazione universale e di creazione significativa entrano in gioco attraverso l'Inversione. Ricordati: la legge d'attrazione dice semplicemente: "il simile attrae il simile". Cerchiamo ora di contestualizzare questa legge all'interno degli scopi Acquisito e Creato. Il primo è costituito da convinzioni personali che provengono dal passato e che ti sembrano reali, proprio perché ci hai creduto per così tanto tempo. Queste false credenze sono costituite a loro volta da pensieri e sensazioni che ti distolgono dalla vita autentica, i quali attraggono a loro volta pensieri e sensazioni simili. Ogni pensiero originatosi attraverso lo Scopo Acquisito aumenta la tua sensazione di impotenza.

In pratica, la legge d'attrazione funziona attraendo sia ciò che non vuoi, sia ciò che vuoi. In questo modo, l'Universo è imparziale. Di conseguenza, se vuoi vivere secondo il tuo Scopo Creato, occorre invertire la direzione e lasciare che sia esso a creare i tuoi pensieri e le tue emozioni.

Quando ti rendi conto di essere risucchiato nel vortice dello Scopo Acquisito, sai che stai attirando sempre più pensieri ed emozioni di quel tipo. Quello è il momento di cambiare direzione e creare pensieri ed emozioni provenienti dal tuo Scopo Creato.

Nota bene: ricordati di usare la legge di creazione significativa per caricare positivamente i tuoi pensieri con emozioni costruttive e piene di entusiasmo.

Effettuare l'Inversione

Inizia creando pensieri coerenti col il tuo Scopo di Vita. Pensa alla tua

Dichiarazione di Scopo e pronunciala ad alta voce, aggiungendo ad essa delle emozioni cariche di positività ed entusiasmo. Se prosegui in questo modo, inizierai ad attrarre a te altri pensieri e sensazioni simili. Più ti lascerai andare a questa pratica e più potenti saranno i risultati.

Se trovi questo processo difficile da avviare, cerca di rivolgerti alla fonte dei pensieri che vorresti creare, ossia l'amore universale, il tuo rapporto con Dio o un potere superiore o la tua natura spirituale. Un modo per mettere in moto questo processo è visualizzare o guardare la fotografia di qualcuno che ami molto. Se ti è possibile, puoi anche trascorrere del tempo con quella persona. A volte penso che questa sia la ragione per la quale mia figlia Amber è nella mia vita: pensare a lei o trascorrerci del tempo insieme rende l'Inversione di Scopo molto più facile.

Puoi anche continuare ad aggiungere emozioni positive pensando a momenti in cui queste sono state presenti nella tua vita. Poiché ciò che vuoi attrarre sono amore, felicità e gioia, pensa a quando ti sei sentito più amato e affettuoso, felice e pieno di gioia. Porta queste emozioni nel presente per rafforzare i tuoi pensieri connessi allo Scopo Creato.

Ulteriori suggerimenti

- Fai una passeggiata nella natura e nota le cose che vedi, senti e percepisci, e che ti fanno stare bene.
- Trascorri del tempo con chi ami e tiene a te.
- Aiuta qualcuno o mettiti a sua disposizione.
- Ridi senza motivo. Inizia con una risatina sommessa e vai avanti fino ad arrivare ad una bella grassa risata.
- Trascorri del tempo con degli animali.
- Prenditi cura di te. Concediti un lungo bagno o un film piacevole (commedie o film ispiranti, in questo caso sconsiglio i melodrammi, i film violenti e d'orrore).
- Enumera le tue benedizioni a voce o per iscritto. Non smettere di contare finché ti sentirai davvero felice di essere al mondo.
- Ripensa ad uno o più momenti nei quali ti sei sentito particolarmente consapevole del miracolo e della gioia dell'essere vivo, come ad esempio la nascita di un bambino, un episodio in cui hai fatto la differenza nella vita di qualcuno, un viaggio importante e così via.

- Recati nel tuo Luogo Significativo, dove ti sarà più facile rientrare in contatto con il tuo Scopo di Vita.
- Gioca con dei bambini finché ti senti rinnovato.

Viveca Stone, una mia cliente di Richmond in Virginia, usa alcune frasi di rito per iniziare l'Inversione. "Una delle mie preferite è *Chissà cosa uscirà di buono da questa situazione*" - dice lei. "Mettiamo che sia bloccata nel traffico e che per questo sarò in ritardo - molto in ritardo - per un appuntamento o che abbia appena ricevuto un'inattesa bolletta o una multa. Se mi fermo un attimo e penso *Chissà cosa uscirà di buono da questa situazione*, mi sento subito più leggera, il mio umore cambia e riesco a centrarmi di nuovo e a trovare la mia pace interiore. Inoltre, ho questa aspettativa che qualcosa di meraviglioso stia per accadere e spesso è proprio così!"

Un'altra sua frase per innescare l'Inversione è "Trasferisco questo peso relativo alla mancanza di (denaro, tempo, pace interiore...) al mio Cristo interiore e vado avanti a vivere in libertà, pace, prosperità e gioia." (frase derivata da una citazione dell'artista Florence Scovel Shinn).

"Questa frase mi ricorda costantemente che non sono sola" - prosegue Viveca - "Una parte del mio Scopo Acquisito è proprio che devo farcela sempre da sola e che non posso affidarmi a nessuno. Questo invece mi riporta al naturale ritmo e supporto della mia comunità con spirito; inoltre, mi fa sentire davvero bene lasciar andare quello che non posso controllare".

Chiamata all'azione: Questa settimana, inizia ad usare questo potente strumento per migliorare la tua vita. Prendi nota di almeno tre situazioni nelle quali lo Scopo Acquisito sta determinando la tua vita e usale come occasioni per praticare l'Inversione. Alla fine della settimana, prenditi del tempo per annotarti cos'è successo. Pratica l'Inversione con rapidità e profondità, spostandoti da una zona di paura, mancanza e lotta ad una di amore universale, abbondanza e semplicità.

PRINCIPI DELLO SCOPO

I Principi sono regole o codici di condotta coerenti con il tuo Scopo e possono essere utilizzati per aiutarti a dare forma alla tua Vita secondo esso. Un modo di considerare questi Principi è come al punto di partenza per vivere con uno Scopo.

Forse un esempio potrebbe esserci ancora più d'aiuto. Scegliamo un Principio dalla lista in fondo al capitolo, intitolata *Ventotto Principi d'attrazione per vivere con uno Scopo*. Questi provengono originariamente dal testo di Thomas Leonard *Coaching dell'attrazione 100*, il quale li rese disponibili al mondo del personal coaching per essere riformulati, cosa che ho fatto, ricontestualizzandoli ai nostri fini.

Ecco uno dei miei Principi di attrazione preferiti per vivere secondo uno Scopo:

Aggiungi valore semplicemente per la gioia di farlo.

Puoi aggiungere valore solo per la gioia di farlo, come espressione naturale del tuo Scopo. Se non siamo più legati alla necessità di sopravvivere, possiamo esprimere la nostra personalità con naturalezza.

Fermati per un attimo ed immagina insieme a me come sarebbe il mondo se seguissimo tutti questo principio, andando in giro aggiungendo valore alla vita ed agli altri per la pura gioia di farlo. Riesci a vedere come anche solo quest'unico principio sarebbe in grado di trasformare la tua vita e di coloro intorno a te?

Ovviamente, Principi così potenti potrebbero pure innescare il tuo Scopo Acquisito. "Cosa intendi con aggiungere valore per la pura gioia di farlo? Finirei sul lastrico se non venissi pagato per il valore che fornisco ai miei clienti. Sembra proprio il modo migliore per mandarmi all'ospizio dei poveri!"

In effetti, uno dei segnali di un Principio particolarmente potente è l'essere in grado di provocare lo Scopo Acquisito.

Un altro modo di pensare ad un Principio è come ad un micro-contesto per la tua vita, un ulteriore strumento per modellare la tua Vita con uno Scopo a livello generale o per concentrarsi su un'area specifica di essa. Ad esempio: se volessi arricchire la mia quotidianità con maggiore esperienza di una vita al servizio degli altri, potrei basarmi sul principio di cui sopra, oppure crearne uno nuovo, fatto apposta per guidarmi verso e attraverso una vita del genere.

Potrebbe essere così:

Esprimo il mio Scopo di Vita al servizio degli altri, con spirito giocoso ed appassionato.

Un altro modo divertente per lavorare con i ventotto Principi di attrazione è di stamparli e farne dei cartoncini, uno per ogni principio.

Scegli poi quello che senti più vicino al tuo modo di essere in quel momento e vivi secondo esso per tutta la settimana seguente. Io lo faccio spesso, attaccando un foglietto con il "principio della settimana" al mio computer. Quasi per magia, mentre sto lavorando con un cliente, il mio sguardo si poserà su quel foglietto al momento giusto e finirò poi per includere il Principio nella sessione di coaching.

L'idea di fondo è quella di divertirsi con questi Principi, lasciando che essi diano gradualmente forma alle tue azioni e, così facendo, ti aiutino a raffinare la tua Vita con uno Scopo.

I VENTOTTO PRINCIPI DI ATTRAZIONE PER VIVERE CON UNO SCOPO

1. Diventa incredibilmente "egoista".
Trascorri le tue giornate svolgendo attività coerenti con il tuo Scopo e che ne sono una reale espressione, e delega tutto il resto ad altre persone, le quali possono trovare queste attività coerenti con il loro Scopo di Vita.

2. Sganciati dal futuro.
Fa' sì che il tuo Scopo dia forma alla tua vita *oggi*. Non lasciare che diventi qualcosa di proiettato nell'avvenire, bensì esprimi il tuo Scopo oggi, senza aspettare di essere diventato abbastanza efficiente.

3. Rispondi ad ogni evento oltre le aspettative.
In ogni situazione, esprimi pienamente il tuo Scopo. Non trattenerti. Rispondere oltre le aspettative significa agire al 100% secondo il tuo Scopo, mentre reagire significa seguire lo Scopo Acquisito.

4. Costruisci una riserva extra in ogni tua area di vita.
È davvero difficile dedicarti completamente all'espressione del tuo Scopo, se i tuoi bisogni di base non sono soddisfatti. Puoi diminuire la stretta dello Scopo Acquisito costruendo delle risorse supplementari. Ecco alcune delle cose delle quali dovresti disporre in maniera più che sufficiente: amore, amicizia, tempo per te, denaro, progetti, energia, salute.

5. Aggiungi valore semplicemente per la gioia di farlo.
Proprio la naturale espressione del tuo Scopo ti porta ad aggiungere valore per la gioia di farlo. Staccati dalla necessità di sopravvivere, sappiamo esprimere noi stessi con naturalezza.

6. Colpisci gli altri in profondità.
Più sei in grado di entrare davvero in contatto con gli altri e più diventi attraente. Esprimendo il tuo Scopo, puoi entrare in contatto

con gli altri ed influenzarli con naturalezza.

7. Venditi senza vergogna.
I talenti che hai ti sono stati donati da Dio per poter vivere il tuo Scopo pienamente. Mercanteggiare questi doni nelle tue attività è attraente e ti permette di giocare al meglio nell'esprimere il tuo Scopo di Vita.

8. Diventa irresistibilmente attratto da te stesso.
Per vivere secondo il tuo Scopo occorre che tu diventi sempre più attratto da te stesso: se ti consideri attraente, lo faranno anche gli altri.

9. Crea una vita di vere soddisfazioni, non uno stile di vita pretenzioso.
Una vita soddisfacente viene dal... esatto! Conoscere il tuo Scopo e vivere secondo esso. Uno stile di vita grandioso va bene e può essere divertente, o perlomeno se non interferisce con il tuo Scopo. Ad un certo punto, comunque, questo non sarà più una priorità.

10. Rendi il doppio di ciò che hai promesso.
Ci sono due parti in questo Principio. Primo: smetti di promettere la luna. Esagerare nel promettere deriva dai dubbi che nutriamo verso noi stessi. Nel momento in cui sai chi sei e sai come vivere secondo il tuo Scopo giorno per giorno, non c'è bisogno di promettere cose che non puoi mantenere. Secondo: dare il doppio di ciò che le persone si aspettano da te è davvero facile, se stai esprimendo il tuo Scopo con naturalezza.

11. Crea un vuoto che ti spinga in avanti.
Crea delle sfide e dei Progetti più grandi di te - o di quello che pensi di essere - e poi lascia che il vuoto che hai creato con quel progetto ti chiami a diventare quella nuova persona.

12. Elimina i ritardi e gli indugi.
Perché dovresti volere rimandare l'espressione del tuo Scopo? Sarebbe un po' come aspettare per vivere. Più la tua vita è

espressione del tuo Scopo, più ha senso eliminare il ritardo nell'esprimere te stesso.

13. Fai in modo di soddisfare le tue esigenze, una volta per tutte.
Questo ha a che fare con le riserve extra di cui sopra. I bisogni non soddisfatti attirano persone con bisogni insoddisfatti. Molte di queste necessità si basano sullo Scopo Acquisito. Identificare questi bisogni è il primo passo per imparare a gestirli una volta per tutte. Più sarai in grado di gestirli e più avrai spazio per esprimere il tuo Scopo.

14. Goditi i particolari.
In questo contesto, i dettagli di cui puoi godere sono le singole espressioni del tuo Scopo. La capacità di assaporare ogni momento deriva dalla consapevolezza e dalla gratitudine per ogni istante. "Dio è nei dettagli". Potresti anche non avere mai tutti i dettagli in giusto ordine; tuttavia, nel momento in cui capisci che una vita con uno Scopo inizia in ogni istante, diventa molto più divertente giocare con le sfumature.

15. Non tollerare niente.
Ossia, tutto ciò che non sia coerente con la tua Vita con uno Scopo. Per farlo, devi prima identificare ciò che stai tollerando in questo momento e proseguire eliminando sistematicamente ogni singolo elemento.

16. Mostra agli altri come compiacerti.
Chi vive secondo il proprio Scopo è contento, quindi mostrare agli altri come compiacerti inizia condividendo chi sei e cosa sei in grado di fare. Il naturale passo successivo è rendere chi ti circonda partecipe nell'espressione del tuo Scopo.

17. Accetta le tue maggiori debolezze.
Questo significa accettare il tuo Scopo Acquisito come parte integrante di chi sei. Ricordati: non stai cercando di sbarazzarti del tuo Scopo Acquisito. Per quel che sappiamo, non se ne andrebbe

comunque, quindi accettalo. In questo modo lo conoscerai meglio e potrai portarlo dalle quinte verso la ribalta della tua vita. Conoscere a fondo il tuo Scopo Acquisito ti permette di condividerlo genuinamente con gli altri, cosa che spinge il tuo Scopo Acquisito a far avanzare quello Creato.

18. Diventa più sensibile.
Più prosegui e più ti risvegli alla vita e all'abbondanza delle risorse intorno a te, che sono lì ad aspettare di essere utilizzate per esprimere il tuo Scopo.

19. Perfeziona l'ambiente in cui vivi.
Ciò che ti circonda è un aspetto importante nel processo di risveglio. Esso ti porta verso il tuo Scopo Acquisito o verso quello Creato. Le persone nella tua vita ne sono una parte fondamentale. Circondati di persone che ti conoscono secondo il tuo Scopo e che ti sostengono e supportano pienamente nell'esprimerlo.

20. Sviluppa più carattere di quanto ti serva.
Guarda *Les Miserables* per capire cosa intendo. Jean Valjean porta il vivere con integrità al livello successivo, ossia vivere con carattere.

21. Riconosci quanto sia davvero perfetto il presente.
Tutti quei momenti in cui ci sembra che qualcosa non vada, sono in realtà ricchi di opportunità e carichi di risorse non riconosciute. In un universo in cui niente avviene per caso, sta a te essere in grado di riconoscere la perfezione di questi momenti imperfetti.

22. Diventa categoricamente costruttivo.
Uno Scopo di Vita basato sulla possibilità, senza alcuna necessità di aggiustare qualcosa, rende semplice essere incondizionatamente costruttivo.

23. Basati esclusivamente sui tuoi valori.
Poiché i valori sono una parte fondamentale del tuo Scopo, orientarti secondo essi è la via migliore. Puoi iniziare facendo una

lista di attività che sono completamente in armonia con il tuo Scopo ed una delle attività che non lo sono. Prosegui riempiendo la tua vita con le attività della prima lista e delega il resto a coloro i quali considerano queste altre attività in armonia con il loro Scopo.

24. Semplifica.
Due cose derivano naturalmente dal conoscere e vivere secondo il tuo Scopo: la concentrazione e la semplicità. Mantieni tutto ciò che ti serve per vivere secondo il tuo Scopo e sbarazzati del resto.

25. Padroneggia le tue capacità ed i tuoi talenti.
Sii il migliore nel tuo campo e diventa un esperto per quel che riguarda i doni che Dio ti ha concesso per esprimere pienamente il tuo Scopo di Vita.

26. Impara a riconoscere e a dire la verità.
Impara a dire la verità in modo tale, che essa possa essere sentita e compresa. In questo modo, permetti anche agli altri di entrare in contatto con la loro verità ed il loro Scopo, oltre ad essere un ottimo modo per esprimere il tuo.

27. Abbi una visione.
Uno Scopo di Vita che si espande oltre te stesso diventa una potente visione per il mondo intero.

28. Sii più umano.
Se sei genuino, sei attraente. Quando esprimi il tuo Scopo, sei genuino.

* Questi Principi si basano sui principi di attrazione enunciati da Thomas Leonard www.attraction.com Adattati da W. Bradford Swift, fondatore del Life on Purpose Institute, Inc.

Chiamata all'azione: scegli un principio in maniera casuale o perché lo consideri particolarmente potente e interessante ed impegnati a seguirlo per una settimana. Portalo sempre con te per rimanerne consapevole. Nota quante volte hai la possibilità di applicarlo alla tua vita in quella settimana e, alla fine di ogni giornata, scrivi un paragrafo a riguardo, approfondendo ciò che hai imparato di nuovo.

Continua così per quattro o sei settimane o anche di più, se trovi che sia un valido supporto per vivere con uno Scopo.

PROGETTI, ATTEGGIAMENTO LUDICO, PAZIENZA E PERSEVERANZA

Gli strumenti che abbiamo analizzato finora si sono concentrati sull'espansione del tuo livello di consapevolezza, attraverso la definizione di chi sei e del tuo Scopo di Vita. Eppure, come ti ricorderai, nonostante il tuo Scopo viva nella tua consapevolezza, quello non è l'unico posto in cui esso dovrebbe vivere per poter prosperare, in quanto deve farlo anche nella consapevolezza degli altri.

Questo significa che, per vivere in maniera più autentica, chi ti sta intorno deve conoscerti e relazionarsi con te secondo il tuo Scopo di Vita Creato. Un Progetto è uno degli strumenti più efficaci per colmare questo vuoto di consapevolezza.

Ricordati: il Problema dello Scopo che avevi creato riguardava proprio questo, ossia che, nonostante tu abbia chiarificato il tuo Scopo di Vita, chi ti circonda si relaziona ancora con te secondo il tuo Scopo Acquisito, visto che quello è l'unico modo in cui hanno imparato a conoscerti. Ma è ora giunto il momento di cambiare e i Progetti dello Scopo sono fondamentali per questo.

Tali Progetti sono diversi da qualsiasi altro progetto al quale tu abbia lavorato finora. Alcuni amano lavorarci, altri lo odiano. Nel mio lavoro di coach ho avuto occasione appurare che ci sono delle persone - me incluso - che si portano dietro delle esperienze piuttosto negative legate a questa tipologia di lavoro.

Uno dei miei primi ricordi risale al mio primo progetto di scienze in quinta elementare. Nonostante l'insegnante ci avesse dato alcune settimane, io aspettai fino alla sera prima della consegna per iniziare a lavorarci. Tipico di un ragazzino di quell'età. Il compito consisteva nel realizzare un vulcano attivo di cartapesta. Andò a finire che trascorsi la notte lavorandoci con mia madre per finirlo in tempo. Ovviamente, mia madre ne fu tutto tranne che soddisfatta e passai giorni a sentirla lamentare la mia tendenza a procrastinare.

Ad ogni modo, qualsiasi sia la tua esperienza, sappi che questi Progetti sono diversi. Un Progetto dello Scopo deve soddisfare gli stessi quattro criteri del tuo Scopo Creato. Andiamo ad analizzarli per comprendere come si applicano a questo caso.

1. Ti dà soddisfazioni e fa sentire realizzato, fa parte di una vita senza rimpianti.

Se grazie al tuo Scopo di Vita Creato puoi avere una vita piena di soddisfazioni, allora un Progetto dello Scopo - essendone una sua espressione - ne sarà a sua volta pieno. Infatti, se non è così - per quanto possa sembrare valido - allora non si tratta di un Progetto dello Scopo. Ad esempio: una mia cliente stabilì che il suo primo Progetto sarebbe stato pulire la sua casa da cima a fondo. Pare che, fino a quel momento, non fosse stata molto brava nei lavori di casa e questo le sembrava un importante cambiamento da fare per vivere secondo il suo Scopo. E probabilmente lo era, ma non si trattava tuttavia di un Progetto dello Scopo, visto che durante il processo non fece l'esperienza di vivere secondo esso. Era piuttosto qualcosa che sentiva di *dover* fare per poter poi iniziare a vivere secondo il suo Scopo. In altre parole, tra il Progetto e lo Scopo non c'era nessuna reale connessione. Per questo è davvero importante che ciò accada in un Progetto, poiché esso nasce ed è espressione del tuo Scopo di Vita; in particolare, esso ti permette di vivere, esprimere ed essere conosciuto come il tuo Scopo di Vita già *mentre* ci stai lavorando, non solo quando l'hai portato a termine. Ne parleremo presto in maniera più diffusa.

2. Uno Scopo di Vita viene espresso in modo onnicomprensivo ed è al servizio degli altri.

Applicare ciò ad un Progetto significa coinvolgere altre persone. Più si è, meglio è! Ogni tuo Progetto diventa quindi il riflesso dell'espressione del tuo Scopo al servizio degli altri. Ecco un altro esempio per rendere il tutto più chiaro.

Il nome del mio primo Progetto fu, ironicamente, "Progetto Scopo". A quel tempo, la mia attività principale consisteva nello scrivere per riviste nazionali. Tuttavia, la maggior parte degli articoli aveva come soggetto primario argomenti legati alla mia precedente carriera di veterinario, piuttosto che essere una chiara espressione del mio Scopo, cioè quello che desideravo. Di conseguenza, creai quel Progetto proprio per rendere la scrittura più focalizzata. Il titolo completo era: "Progetto Scopo: scrivere e pubblicare articoli su persone ed istituzioni la cui vita e missione sia parte di uno scopo o di una visione audace ed ispirata."

Una volta creato il progetto, iniziai ad attrarre i soggetti perfetti per quel tipo di storie e non passò molto tempo, prima di iniziare a proporle a diverse riviste. Uno dei miei obiettivi, oltre naturalmente a voler apportare maggiore Scopo alla mia scrittura, era ispirare altre persone a vivere con più passione e valore. Credevo che, se avessero avuto la possibilità di leggere le storie di qualche eroe non celebrato, in molti avrebbero riconosciuto la loro stessa possibilità di contribuire alla propria comunità.

In un paio di mesi ottenni il mio primo incarico, che consisteva nello scrivere un articolo su Bo Lozoff e la Human Kindness Foundation per il *New Age Journal*. Era come se fosse stato mandato dal cielo! Avevo già incontrato Bo alcuni mesi prima durante un ritiro spirituale a Black Mountain nella Carolina del Nord ed ero stato colpito dal suo messaggio e dalla sua missione: portare la spiritualità nelle vite dei carcerati. Ed ora, con quel compito, avrei avuto il privilegio di passare del tempo con Bo e sua moglie Sita presso la loro fondazione e perfino di essere pagato per farlo.

Nel contempo, avevo iniziato a notare che le persone intorno a me non si relazionavano più con me come con Dott. Swift,il veterinario, bensì secondo il mio Scopo di Vita Creato. Sapevo di essere sulla strada giusta. Proseguendo a scrivere articoli sullo stesso tono, non ci volle molto perché anche la maggior parte degli altri scrittori e redattori che mi conoscevano iniziasse a considerarmi sotto un'altra luce, quella del mio Scopo.

Solo un anno o due dopo mi resi conto che c'era un altro effetto che non avevo assolutamente preso in considerazione: una delle persone che furono più ispirate ad agire in quella direzione fui proprio io. Grazie a quelle interviste iniziai a rendermi conto del fatto che anch'io avrei potuto creare un'organizzazione come espressione diretta del mio Scopo, proprio come avevano già fatto molte delle persone sulle quali avevo scritto. Ed ecco come nacque il Life on Purpose Institute, Inc. Non c'è quasi bisogno di dirlo: questi Progetti possono contenere un enorme potenziale di trasformazione.

3. Uno Scopo di Vita si basa sull'amore, non sulla paura.

Questo non significa solo che questi Progetti siano qualcosa che ami fare (cosa di cui abbiamo già discusso), ma anche che siano radicati nell'amore e nella possibilità. In altre parole, attraverso un Progetto dello Scopo, non andrai a correggere qualcosa di sbagliato, bensì a mostrare un'altra possibilità di vita. Questo può essere un po' difficile da capire, analizziamolo quindi ulteriormente.

Innanzitutto, non intendo assolutamente dire che ci sia qualcosa di sbagliato nei progetti nati per correggere o migliorare qualcosa.

Prendiamo l'associazione M.A.D.D. - la cui sigla significa Madri Contro i Guidatori Ubriachi. Candice Lightner fu una delle fondatrici di quest'associazione e lo fece dopo che la figlia tredicenne, Cari, fu investita ed uccisa da un ubriaco alla guida senza patente, il quale era stato rilasciato su cauzione dopo esser stato arrestato per guida in stato di ubriachezza ed essere fuggito dopo aver causato un incidente. Candice voleva correggere qualcosa che era sbagliato ai suoi occhi ed ha avuto un grosso impatto sulle leggi contro i guidatori ubriachi negli Stati Uniti.

Tuttavia, un Progetto dello Scopo non ha come obiettivo la correzione di qualcosa di sbagliato, bensì vuole mostrare una nuova possibilità. Il Life on Purpose Institute è una sorte di meta-Progetto, in quanto fusione di altri progetti. La nostra missione consiste nell'ispirare profondamente e contribuire almeno al 1% della popolazione mondiale assistendo le persone nel chiarificare e vivere secondo il loro Scopo di Vita. Questa missione si basa sulla possibilità di un mondo con uno Scopo.

Eppure, se non sto attento, esso potrebbe degenerare nel tentativo di "aggiustare" chi non conosce il proprio Scopo. Ed è proprio questa la parte difficile: un Progetto può iniziare basandosi sull'amore e sulla possibilità, ma potrebbe, tuttavia, snaturarsi fino a diventare un progetto che si basa sulla paura e sulla convinzione di essere nel giusto. Dipende tutto da chi si decide di essere mentre si lavora al proprio Progetto. Inoltre, ogni volta che ci si rende conto di una digressione, si può mettere in pratica lo strumento dell'Inversione e tornare ad agire secondo amore.

Ed ecco un altro esempio di Progetto dello Scopo, il quale ci mostra come cambiare da una prospettiva di lamentela ad una di possibilità. Leggiamo cosa ne scrisse Eric Miller, mio cliente e creatore del Progetto:

> Quando pensai al mio Progetto, ne scelsi uno che avrebbe affrontato una serie di problemi e questioni. Come genitore di una bambina con la malattia di Crohn, decisi che era arrivato il momento di passare dal dire al fare. Mi ero molto lamentato dei trattamenti per la malattia, visto che non esiste alcuna cura finora e alcuni processi possono avere effetti addirittura peggiori dei sintomi della malattia stessa. Il mio progetto consisteva nel devolvere una parte del mio reddito per la ricerca di una cura.
> Questa malattia colpisce l'intestino e può essere molto

debilitante. Pensai che, se fossi stato in grado di dare il mio contributo alla ricerca, quello sarebbe stato un buon modo per diventare proattivo, invece di lamentarmi dei trattamenti e basta. In pratica, così diventavo una parte del trattamento. Mi impegnai a donare una parte di ciò che avrei guadagnato in un anno. Sapevo che sarei andato incontro ad un buon anno e anche per questo pensai che quel denaro avrebbe potuto fare la differenza. Alla fine, mi impegnai così tanto nel progetto e fui talmente fortunato, che finii per riuscire a donare oltre $58.000 alla Crohn's and Colitis Foundation e addirittura finanziai parte di una borsa di studio per ricercatori presso l'Università della Carolina del Nord, borsa che fu chiamata Melissa Miller in onore di mia figlia.

Inoltre, quell'anno mia figlia fu scelta come giovane ambasciatrice per gli stati della Carolina. Melissa scrisse un articolo per una rivista della Crohn's and Colitis Foundation in Carolina, il quale si rivolgeva ad altri bambini ed adolescenti con la stessa malattia. Il messaggio consisteva in una dichiarazione estremamente positiva ed ispirante, un invito a vivere la malattia come qualcosa di speciale e non come un handicap. Nell'articolo mia figlia spiegava che a volte anche lei si compatisce, ma poi si convince del fatto che una delle cose speciali riguardo a se stessa è proprio la sua capacità di superare le difficoltà legate alla malattia di Crohn e l'essere diventata più forte grazie a questo.

Questo Progetto dello Scopo mi dimostrò che una sola persona può fare molto più di ciò che pensa, se solo decide di mettersi in gioco e impegnarsi in qualcosa. Quando iniziai, mi impegnai a donare $30.000 alla Fondazione, ma alla fine riuscii a devolvere quasi il doppio. Credo che la mia agenzia immobiliare raddoppiò il fatturato come risultato di questo impegno, poiché furono il mio Scopo di Vita e l'amore per mia figlia ad ispirarmi. So che il Progetto ha fatto la differenza: un dottore fu in grado di portare avanti uno studio concernente l'impatto dell'ambiente sui malati di Crohn per due anni, anche grazie a quel denaro. Anche se mia figlia dovrà probabilmente convivere con questa malattia per il resto della vita, saprò sempre di aver fatto la mia parte, invece di starmene seduto a lamentarmi senza speranza. In questo modo sono stato una parte integrante del trattamento di mia figlia e, grazie a tutto questo, anche lei può vivere la sua Vita con uno Scopo.

Come succede spesso con questi Progetti, i risultati andarono ben oltre le aspettative originali di Eric.

4. Uno Scopo di Vita è il contesto ed il contenitore che raccoglie e dà forma alla tua vita: Tu, in istanti di tempo, mentre fai qualcosa.

Possiamo trovare tutto ciò paradossale: da una parte, un Progetto funziona da ponte tra l'essere ed il mondo reale, ossia il fare e l'avere, mentre, allo stesso tempo, è fondamentale non dimenticare che esso nasce dal tuo Scopo Creato, il quale definisce chi sei e porta a ciò che fai come espressione dello Scopo stesso. Ne riparleremo comunque più avanti.

Creare o ricreare un Progetto dello Scopo

Puoi procedere in due modi: creando un Progetto nuovo di zecca o ricreandone uno già esistente, seguendo i criteri appena analizzati. Non sentirti forzato a creare una serie di nuovi progetti, soprattutto se sei già molto impegnato, poiché finiresti con il sentirti sovraccarico. Piuttosto, cerca di valutare quale/i tra le attività che svolgi potrebbe essere riformulata come un Progetto.

Ad esempio, il mio "Progetto Scopo" nacque come Progetto dello Scopo modificato: stavo già scrivendo e pubblicando degli articoli e ne avevo addirittura già scritti alcuni pertinenti alle caratteristiche di un Progetto. Perciò, rielaborai semplicemente il modo in cui scrivevo secondo le "regole" di un Progetto. Invece, il Life on Purpose Institute fu creato dal nulla. Prima non esisteva nemmeno un'impresa del genere ed essa ebbe inizio proprio come risultato di un Progetto.

Procediamo ora analizzando uno strumento particolarmente utile per creare un Progetto, chiamato semplicemente Pagina del Progetto.

PAGINA DEL PROGETTO

Quando siete ispirati da un grande scopo, da un progetto straordinario, tutti i vostri pensieri spezzano le loro catene, la vostra mente trascende le limitazioni, la vostra coscienza si espande in ogni direzione, e vi ritrovate in un mondo nuovo immenso e magnifico. Forze, facoltà e talenti assopiti prendono vita, e scoprite di essere persone molto più grandi di quanto abbiate mai sognato di essere.

Patanjali, filosofo indiano

Scopo di Vita: inizia scrivendo la tua Dichiarazione di Scopo. Mentre lo fai, sii presente e riconoscine la grandezza e la stupefacente meraviglia ed allo stesso tempo considera la tua gioia nel vivere secondo ad essa. Questo ti aiuterà a mantenere un stretto legame tra il tuo Scopo ed il Progetto.

Nome del Progetto: crea un nome o un titolo accattivante e potente per il tuo Progetto, il quale includa l'essenza del tuo Scopo. Se non ti viene in mente niente, procedi e torna a questo punto in seguito. Succede spesso che il titolo nasca quasi da sé mentre ci lavori.

Visione: questa parte è assolutamente essenziale. Stai per fare un viaggio nel futuro per visualizzare come sarà il tuo Progetto una volta portato a termine. Dipingi un'immagine verbale del suo aspetto e descrivi le sensazioni ad esso correlate. Immagina che esso sia andato ben oltre i tuoi sogni più sfrenati. Come ha contribuito alla tua vita, a quella dei tuoi cari ed al resto del mondo? Cos'hai provato mentre andavi avanti con la sua realizzazione? Qual è stata l'esperienza delle persone che ne hanno fatto parte e come ne sono state toccate? Ricordati: non guardare solo al momento conclusivo, bensì anche ad ogni tappa lungo il cammino. Rendi la tua visione reale attraverso i dettagli: quante persone sono state coinvolte, di chi si tratta, quali sono stati i risultati ottenuti etc.? Proiettati nel futuro nel momento esatto in cui quello che ora ti si prospetta davanti, è ciò che accadrà, quando avrai portato a termine il tuo Progetto.

Ripensa all'esempio del monte Everest per capire quanto ciò sia importante.

Situazione attuale: resta nel futuro con il tuo Progetto portato a termine e guarda indietro verso la situazione attuale. Prenditi qualche minuto per descrivere cosa vedi dal tuo punto di osservazione privilegiato, in quel momento in cui il tuo Progetto si è sviluppato ben oltre i tuoi sogni. Che sensazioni provi? Quali sono gli ostacoli ed i blocchi (fisici, mentali o emotivi) che sei riuscito a superare? In quali momenti è entrato in gioco il tuo Scopo Acquisito, nel tentativo di mantenere te e lui stesso al sicuro? Come hai applicato l'Inversione? Ricordati di continuare a guardare indietro dal momento in cui hai già realizzato il tuo Progetto con successo. Da quel punto di osservazione, infatti, ti sarà molto più facile vedere come superare e risolvere problemi e blocchi.

Sii pronto a lasciare andare: mentre cresci nell'espressione del tuo Scopo Creato, ci saranno delle componenti del tuo Scopo Acquisito delle quali dovrai liberarti, in modo da far posto per il nuovo *tu*. Fai una lista con le paure, le convinzioni limitanti o le situazioni che mancano di vere consapevolezza che sei pronto a lasciarti dietro alla spalle per realizzare il tuo Progetto. Puoi continuare ad aggiungere elementi alla lista mentre vai avanti.

Risorse da attrarre: di quali risorse avrai bisogno per portare il Progetto a compimento? Altre cose emergeranno durante il processo, intanto inizia a mettere per iscritto quelle delle quali sei già consapevole.

Obiettivi e risultati: un Progetto crea un ponte sul divario tra l'aspetto visionario di uno Scopo di Vita e il mondo reale, fatto di distanze, tempo e forma. In altre parole, esso ha alcuni risultati che possono essere misurati, proprio come ogni gioco ha un suo modo per tenere il punteggio. A seconda della grandezza del Progetto, potresti decidere di porti degli obiettivi intermedi, oltre a quello finale. Chiaramente, sono i risultati che derivano dal Progetto a renderlo reale nel mondo fisico. Approfondiremo presto questo argomento, quando andremo ad affrontare l'Atteggiamento ludico.

Metti tutto per iscritto: scrivi le varie tappe ed i passaggi che ti porteranno a proseguire lungo il percorso, così come la data di completamento prevista. Aggiungi gli elementi necessari durante il processo e rivedi questa pagina settimanalmente per mantenerne lo Scopo e la possibilità vivi nella tua consapevolezza.

Essere d'aiuto ed al servizio degli altri sono proprietà intrinseche dell'espressione del tuo Scopo. Se sei consapevole di chi stai supportando attraverso il tuo Progetto e di come lo stai facendo, la tua vita con uno Scopo ne beneficerà enormemente. Può essere una buona idea fare una lista delle persone che ne hanno tratto vantaggio e di come questo è successo e creare una pagina appositamente dedicata, alla quale aggiungerai i nomi delle persone man mano che ne vieni a conoscenza. Un altro modo per mantenere questa parte del Progetto vitale, è condividerne il progresso con il tuo coach.

Ogni volta che ti sentirai un po' giù o in preda allo Scopo Acquisito, tira fuori questa pagina e concentrati sulla differenza che hai già fatto nella vita degli altri. Ti darà sicuramente una spinta per tornare verso il tuo Scopo.

Nella pagina seguente, troverai un modello di Pagina del Progetto vuoto, che potrai utilizzare come esempio per creare i tuoi Progetti.

MODELLO PER UN PROGETTO DELLO SCOPO

Quando siete ispirati da un grande scopo, da un progetto straordinario, tutti i vostri pensieri spezzano le loro catene, la vostra mente trascende le limitazioni, la vostra coscienza si espande in ogni direzione, e vi ritrovate in un mondo nuovo immenso e magnifico. Forze, facoltà e talenti assopiti prendono vita, e scoprite di essere persone molto più grandi di quanto abbiate mai sognato di essere.

Patanjali, filosofo indiano

Scopo di Vita:

Nome del Progetto:

Visione:

Situazione attuale:

Di cosa sei disposto a liberarti:

Risorse da attrarre:

Obiettivi/Risultati finali:

La prossima azione nella quale mi impegno:

Data:

Persone che hanno beneficiato di questo Progetto
Persona: **Contributo dato:**

Chiamata all'azione: questa settimana, crea o ri-crea un Progetto dello Scopo usando il modello analizzato. Scegli qualcosa che possa arricchire la tua vita, ti faccia divertire mentre sei impegnato a realizzarlo e che coinvolga altre persone. Scegli un Progetto che ti dia una sensazione di sfida, senza tuttavia farti sentire troppo sotto pressione e condividilo con due o tre persone che sai essere di supporto.

ATTEGGIAMENTO LUDICO

Ora andremo ad imparare come utilizzare un altro strumento estremamente utile per vivere con uno Scopo. Grazie all'Atteggiamento ludico, riuscirai a trovare nuovi modi per far sì che sia il tuo Scopo Creato, e non quello Acquisito, a determinare la tua vita. Questo è vero soprattutto per quel che riguarda un punto molto importante, ossia il tuo atteggiamento verso i risultati.

Ammettiamolo: siamo fissati con i risultati! Ciò che intendo è che, ad esempio, quando inventiamo dei giochi, non possiamo fare a meno di mettere a parte delle regole del gioco stesso un modo per tenere il punteggio, in maniera tale da sapere se stiamo "vincendo" oppure no. Di conseguenza, spesso si finisce per concentrarsi principalmente sul punteggio e ci si dimentica del perché si è creato il gioco, vale a dire per esprimere la nostra naturale creatività e divertirci. Inventiamo alcuni giochi che vanno sotto l'etichetta *affari*, altri sotto *istruzione* e altri ancora sotto *relazioni* e *matrimonio*. In ognuno di essi, ci sono determinati risultati che siamo interessati ad ottenere. Quello che sto suggerendo qui, è che lo scopo di quei giochi non sta solamente nel punteggio e nei risultati.

Questo è particolarmente rilevante nei Progetti di cui abbiamo parlato poc'anzi. Prenditi un minuto per riflettere su questa domanda:

Qual è lo scopo primario di un Progetto dello Scopo?

Ripensa a ciò che hai letto. Torna alle pagine precedenti se vuoi e cerca la risposta, poi scrivila qui sotto.

Un Progetto è primariamente un mezzo perché tu possa vivere, esprimere ed essere conosciuto come il tuo Scopo di Vita Creato. Eppure, per rendere il gioco più interessante, spesso ci poniamo degli obiettivi e dei risultati da raggiungere. Tuttavia, ricordati sempre che questi non sono assolutamente la parte più importante di un Progetto. Chiaramente, seguirai le regole del gioco per ottenere determinati risultati, ma cerca di mantenerti consapevole del vero significato di un Progetto.

Andiamo ora ad analizzare questo modo di operare nei dettagli, in modo da poter mettere tutto insieme.

Atteggiamento ludico: lavorare ad un progetto, obiettivo o compito, in maniera tale da giocare e sperimentare con esso, non dimenticando però il piano o l'intenzione che ci sta dietro. Il segreto sta nell'essere sì impegnato a raggiungere un determinato obiettivo, senza tuttavia esserci attaccato.

Questo concetto è composto da tre parti. Innanzitutto, l'esperienza e l'atteggiamento che si mantiene durante il progetto: con questo Atteggiamento in particolare, infatti, sei pronto a sperimentare, esplorare e scoprire, il tutto in modo leggero e giocoso. Inoltre, poiché questo tipo di lavoro deriva dal tuo Scopo Creato, le azioni connesse al progetto non saranno casuali, bensì determinate da un'intenzione specifica ad esso connessa. Infine, la libertà di affrontarla con atteggiamento ludico viene dal rimanere sì impegnato, ma non attaccato ai risultati e, per fare questo, occorre mantenere sempre viva la consapevolezza del vero obiettivo di un Progetto.

Tutto questo include anche la libertà di ottenere risultati che non avevi messo in conto, cosa che succede spesso quando si sperimenta. Mentre uno dei risultati che volevo ottenere attraverso il Progetto Scopo fosse ispirare gli altri a vivere in maniera più significativa, all'inizio non avevo idea che il Life on Purpose Institute sarebbe stato uno delle inaspettate conseguenze di quel lavoro. Ovviamente, ho accolto questo frutto del lavoro a braccia aperte!

Ti capiterà di sicuro, tuttavia, di dimenticare quest'Atteggiamento ad un certo punto, specialmente se non otterrai i risultati che ti eri prefissato entro il termine stabilito. Quando inizi a sentire che il lavoro concernente il tuo Progetto diventa difficile, che ogni piccolo dettaglio ti costa sforzo e che lo spirito di leggerezza e gioco è venuto a mancare, allora è chiaro che l'obiettivo originario è stato perso di vista e sei attaccato ai risultati. Quando arriverà quel momento, torna a queste pagine e rinfrescati la memoria. Mantenere quest'Atteggiamento ludico può davvero fare la differenza per il mondo.

Grazie a questo atteggiamento puoi continuare a fare l'esperienza della qualità illuminante che deriva da una Vita con uno Scopo. Ricordati: uno delle caratteristiche del vivere in questo modo è non avere rimpianti né rimorsi e, come disse Sua Santità il Dalai Lama, "Se dopo aver cercato di salvare il mondo, il mondo è perduto... nessun rimpianto!"

L'Atteggiamento ludico è semplicemente uno dei modi per poter raggiungere questo livello di impegno, libertà e non-attaccamento.

PAZIENZA E PERSEVERANZA: COME DIVENTARE

Se ti ricordi, uno dei maggiori benefici derivati dal chiarificare e vivere secondo il tuo Scopo è il diventare inarrestabile. Molti di coloro che hanno seguito il metodo Life on Purpose per vivere una vita più significativa riportano di essere diventati molto più determinati nel perseguire ciò che vogliono essere, fare e avere. La Pazienza e la Perseveranza sono dunque un potente aiuto per diventare irrefrenabile.

Pazienza e Perseveranza dello Scopo: il processo di continuare a vivere secondo il tuo Scopo, bilanciando la consapevolezza che questo processo stesso necessita di tempo con la perseveranza di mantenere le proprie azioni indirizzate alla realizzazione dei Progetti dello Scopo.

Ammettiamolo: ci saranno dei momenti in cui i tuoi Progetti non andranno esattamente come avevi previsto. Incontrerai ostacoli ed imprevisti sulla via, la cui funzione sarà quella di sfidarti per aumentare il tuo livello di impegno. Quando questo succederà, torna a questo strumento ed usalo, ricordandoti che funziona proprio come un paio di forbici: è molto più efficace se le due parti vengono usate insieme. Vediamo perché...

La pazienza in sé può essere spesso vista come uno stato piuttosto passivo. Se penso all'essere paziente, mi immagino di stare semplicemente seduto ad aspettare che qualcosa succeda (e a volte, questa è davvero la miglior cosa da fare!). Tuttavia, se non resti consapevole, la tua pazienza ti porterà facilmente a sviare dal tuo obiettivo. Ed ecco che la perseveranza entra in gioco come l'altra metà della "forbice": essa ti ricorderà cosa ti sei impegnato a realizzare e sarà lì per riaccendere il tuo entusiasmo e la tua passione quando ce ne sarà bisogno.

Mi piace il vecchio detto: "Con la pazienza la foglia di gelso diventa seta. Non dimenticare che, anche se la crisalide sembra addormentata, essa si sta sviluppando dentro il suo bozzolo e diventerà una farfalla. La staticità è solo apparente. Lo stesso vale spesso per i Progetti: alcuni hanno bisogno di restare avvolti nel loro bozzolo per il tempo necessario, prima di proseguire con il passo successivo.

Ed ecco un'altra caratteristica della perseveranza che entra in gioco, rivelata dalla parola stessa, la quale deriva dal verbo "perseverare", ossia *persistere con costanza*.

La parola chiave è qui "costanza". Infatti, se vuoi realizzare i tuoi Progetti, soprattutto quelli che hanno bisogno di molto tempo per manifestarsi, devi essere sicuro di aver creato una sorta di sistema di mantenimento per loro, il quale li tenga costantemente presenti e vivi nei tuoi pensieri. Ad esempio, un quaderno che raccolga i tuoi vari Progetti può fungere da sistema di mantenimento, se ti prendi regolarmente il tempo per consultarlo e constatare i progressi fatti. Questo è davvero importante, in quanto un sistema del genere è parte integrante del ponte tra i tuoi sogni (parte metafisica del Kosmo) e la realtà fisica. Più forte è il ponte, più il viaggio sarà agevole e ti sarà facile raggiungere la destinazione.

La "macchina dei sogni" di uno dei miei clienti era completamente bloccata. "Vivo a Flat Rock (N.d.T.: roccia piatta), nella Carolina del Nord, in un luogo che è tanto piccolo e remoto, quanto suggerisce il nome" - gli dissi. "Faccio il coach e supporto le persone a vivere come esseri umani, e sottolineo la parola *essere*. Il percorso per arrivare fino qui non è stato facile e mi ha portato ad essere un coach di successo, un oratore ed uno scrittore. Oltre dieci anni fa avevo un sogno, cioé fare la differenza aiutando gli altri a chiarificare il loro Scopo di Vita e vivere secondo ad esso. Quando iniziai, tutto ciò che avevo era proprio quel sogno, oltre alla fede che, se ci avessi creduto fino in fondo vivendo secondo il mio Scopo, l'amministratore delegato cosmico a capo della mia impresa non mi avrebbe abbandonato. In effetti, Dio non l'ha mai fatto."

Se sogni di fare la differenza, anche se si tratta di andare fuori dai percorsi normalmente battuti e socialmente accettati, vai avanti! Pazienza e perseveranza di sosterranno lungo tutto il cammino. Segui la tua passione e, anche se non sai qual è la tua destinazione, non ne sarai mai deluso. Vivere con fede ti porterà al successo, anche quando tutto sembrerà indicare il contrario.

Nel prossimo capitolo andremo ad analizzare alcuni strumenti integrativi dei quali potresti voler usufruire per vivere con uno Scopo. Questi strumenti possono essere considerati come strutture di supporto o sistemi di esistenza per assisterti nel processo del vivere con uno Scopo.

UN ASSORTIMENTO DI STRUMENTI INTEGRATIVI: IL COACH LIFE ON PURPOSE, I PARTNERS, LE COMPAGNIE, I CONSIGLI ED I LOUGHI SIGNIFICATIVI

Sono in molti a ritenere di poter affrontare tutto da soli e questo è un atteggiamento tipico dello Scopo Acquisito, che non consente di esprimersi completamente secondo il proprio Scopo Creato. La mia esperienza dimostra che è tanto diffuso tra le donne, quanto tra gli uomini. In particolare, per una donna può manifestarsi sotto l'etichetta di Super Donna o Super Mamma; in pratica, resta la manifestazione dello Scopo Acquisito alla direzione della tua vita.

Coinvolgere gli altri nella tua Vita con uno Scopo rende l'intero processo di vivere secondo ad esso più facile, oltre ad essere più divertente. Questo è anche uno dei motivi per i quali dovresti coinvolgere altre persone nella realizzazione dei tuoi Progetti.

Andremo ora ad analizzare altri tre modi per includere gli altri nella tua struttura di supporto per vivere con uno Scopo, oltre a due nuovi strumenti: prenderemo in considerazione il valore aggiunto di avere un coach al tuo fianco ed una Compagnia di persone che prendono la vita in maniera simile alla tua, oltre ai benefici di avere uno o più Partners accanto a te. Non dimentichiamo poi la validità di un programma di mantenimento portato avanti grazie ai Consigli e il fatto di avere un Luogo significativo dove recarti ogniqualvolta ne hai bisogno.

Un coach Life on Purpose al tuo fianco

Tutti i Michael Jordans di questo mondo hanno dei coach, ma chi vuole continuar a giocare nel campetto dietro casa non ne ha bisogno.

Don Maruska

Questa citazione la dice lunga. Per tantissime persone, Michael Jordan è stato uno dei migliori giocatori di basket mai esistiti, se non il migliore in assoluto. Nonostante questo, egli ha continuato a lavorare con dei coach e ad ascoltarli durante tutta la sua carriera. Che ne dici, ti interessa essere un Michael Jordan, o preferisci rimanere nel tuo campetto?

Se ti ricordi, nell'introduzione ho spiegato di come sono entrato io stesso in contatto con il mondo del coaching, per la prima volta negli anni Ottanta, quando ancora facevo il veterinario. Quella prima esperienza fu talmente positiva, che decisi che avere sempre un coach nella mia vita e negli affari sarebbe stato un punto fermo. Se ti interessa essere un giocatore di prima categoria nella tua vita, allora ti consiglio caldamente di affidarti ad un coach Life on Purpose.

Forse rileggere il credo dei coach del Life on Purpose Institute ti porterà a comprendere in maniera più approfondita cosa puoi aspettarti da questo tipo di relazione. Un modo di considerare questo credo è come l'impegno che chiediamo ai nostri coach prima di essere abilitati, ossia una dichiarazione di chi ci impegniamo ad essere per i nostri clienti ed il mondo intero.

Il credo dei coach Life on Purpose

Immagina un rapporto in cui l'attenzione sia completamente concentrata su di te, il tuo scopo di vita e su come vivere in maniera coerente ad esso

Immagina qualcuno che sappia ascoltare non solo le tue parole, ma anche l'anima che gli sta dietro ed i suoi desideri più veri

Immagina qualcuno che sia il tuo compagno mentre diventi consapevole nel vivere fedele al tuo scopo di vita

Immagina che questa persona sia curiosa di conoscere i tuoi sogni e le tue aspirazioni, la tua visione per il mondo e tutto ciò che più ti appassiona nella vita. Questa è una persona che ti aiuterà a chiarire quali progetti siano coerenti con la tua visione, i tuoi valori e chi sei e ti aiuterà a sviluppare i mezzi per realizzarli

Immagina una relazione con una persona che può, a volte, apparire perfino più impegnata a realizzare quello che vuoi nella tua vita, di quanto tu lo sia

Immagina di poter contare su questa persona, la quale saprà dirti la verità con spietata compassione — circa i molti doni e talenti che forse hai dato per scontati, o per quando scendi a compromessi con chi sei veramente

Immagina un rapporto che ti supporta mentre ti liberi dai vincoli autolimitanti del passato, in cui la voce che presenta i tuoi limiti viene riconosciuta per quello che è: una voce dal passato. Immagina che il tuo spirito sia nutrito per modellare e dar forma alla tua vita, attimo per attimo, giorno per giorno.

Prenditi un attimo ed immagina la tua vita con la presenza di una persona del genere e scrivi due o tre benefici che potresti trarre da una relazione di questo genere.

Partner

Un Partner conosce il tuo Scopo Creato e si relaziona a te secondo ad esso; inoltre, conosce il tuo Scopo Acquisito ed è disposto a dargli spazio, restando comunque al tuo fianco per aiutarti ad andare oltre, quando ne hai bisogno. Anche se un coach può essere visto come un Partner, è una buona idea averne almeno un altro, il quale non sarà certo tenuto a comportarsi come un coach nei tuoi confronti. Potrebbe trattarsi del tuo coniuge, di un membro della famiglia, di un buon amico o perfino di un collega.

Ovviamente, è ancora meglio se puoi essere un Partner per il tuo stesso Partner. Questo significa che anche questa persona conosce il suo Scopo di Vita o si trova nel processo di chiarificazione.

Può essere utile creare delle linee guida per la vostra relazione, in modo da essere chiari su cosa si possa contare ed aspettare l'uno con l'altro. Inoltre, anche se un buon amico può essere un ottimo Partner, è importante rimanere consapevoli delle due distinte relazioni che vi legano: l'amicizia e il rapporto di Partner.

Questa persona può essere anche l'inizio di una Compagnia dello Scopo.

Compagnia dello Scopo

Una delle lamentele che sento più di frequente dai miei clienti è che non hanno nessuno intorno a loro che veda le cose nello stesso modo e possa supportarli nel vivere con uno Scopo. Può essere davvero arduo vivere in un modo che sembra andare controcorrente rispetto alla nostra cultura. Tuttavia, sempre più persone si stanno svegliando dal sogno del consumismo ed iniziano a capire che darsi così tanto da fare solo per poter avere più cose finisce per essere un vero incubo.

Negli Stati Uniti sono state fatte delle ricerche in merito. Il sociologo Paul H. Ray è il vice presidente esecutivo di American LIVES, Inc., un'agenzia specializzata in ricerche di mercato ed opinioni che riguardano lo stile di vita, gli interessi, i valori, le aspettative ed i simboli degli americani. Ray ha identificato un gruppo, battezzato Creativi Culturali, che agisce come una sottocultura, la quale condivide dei valori e costituisce circa un quarto della popolazione, ossia circa cinquanta milioni di individui. Tra i valori più importanti troviamo: l'altruismo (essere al servizio degli altri), la semplicità volontaria, l'idealismo, lo sviluppo spirituale, l'ecosostenibilità, il mutuo sostegno nelle relazioni, l'importanza della creatività culturale e l'attivismo per un mondo migliore. Studi simili mostrano che lo stesso sta accadendo in tutto il mondo. (Per l'Italia consulta ad esempio la pagina http://www.creativiculturali.it)

Quindi, se potenzialmente circa un quarto delle persone che incontriamo condivide questi stessi valori, perché è così difficile incontrarle nella pratica? Forse perché non abbiamo ancora una struttura adatta per avvisarci l'un l'altro della nostra reciproca esistenza. O meglio, così era prima dell'avvento di Internet. In questi ultimi anni ho condotto il Life on Purpose Institute come impresa e comunità online e mi sono reso conto di come sia possibile attrarre una considerevole Compagnia di persone che condividono molti dei miei valori di base ed una visione per il mondo simile alla mia, i quali desiderano a loro volta essere al servizio degli altri, vivere una vita di abbondanza e semplicità ed essere in contatto con Dio.

Anche se può volerci del tempo e della Pazienza per attrarre queste persone, ne vale decisamente la pena, soprattutto perché, più ti circondi di persone che la pensano e la vedono in maniera simile, più diventa facile per tutti vivere secondo il loro Scopo. Ovviamente, è fantastico poter avere persone così con le quali poter condividere la tua vita nelle immediate vicinanze; tuttavia, questo non deve essere un limite.

Un buon punto di partenza è il sito del Life on Purpose Institute www.lifeonpurpose.com, dove si incontrano sempre più persone appassionate provenienti da tutto il mondo, le quali vivono secondo il loro Scopo. Puoi consultare l'appendice alla fine del libro per ulteriori risorse.

Ecco un processo semplice ed efficace per creare una Comunità nella tua zona, il quale diventa ancora più efficiente, se creato come un Progetto. Ecco alcuni suggerimenti:

1. Fissa una data da qui a quattro o sei settimane, per il giorno in cui vuoi organizzare il primo incontro di questa nuova Comunità. Stabilisci il giorno, l'ora e la frequenza che più si accorda con i tuoi impegni. Consideralo come una data finale, che può comunque essere modificata all'occorrenza.

2. Definisci l'intento e lo scopo dell'incontro con parole tue. Procedi creando la visione di come sarà, nel momento in cui si sarà formata. Lasciati andare e sogna come sarà nei dettagli e come ti sentirai per essere parte di un gruppo del genere.

3. Idealmente, quante persone vuoi che partecipino? Quanto vorresti che crescesse questo gruppo iniziale? Non ti preoccupare se la maggior parte delle persone che ti circondano non conosce il proprio Scopo. Questo è un modo eccezionale per iniziare, ossia facendo incontrare delle persone che potrebbero essere interessate ad affrontare la prima tappa del processo Life on Purpose. Puoi utilizzare questo libro come guida e mappa sul Cammino. Inoltre, ci sono sempre delle copie disponibili sul nostro sito!

4. Come pensi di far conoscere il gruppo? Fai una lista dei mezzi possibili. Uno dei modi più facili consiste nel fare una lista delle persone che potrebbero essere interessate. Non importa se vi prenderanno parte o meno: condividilo semplicemente con loro e chiedi loro se conoscono qualcuno che potrebbe essere interessato.

5. Mantieni un Atteggiamento ludico e distaccato dai risultati. Piuttosto, resta concentrato sul fatto che, attraverso questo Progetto, tu sei e stai esprimendo te stesso secondo il tuo Scopo di Vita Creato, oltre e venir conosciuto come esso.

6. Presentati all'ora e luogo prestabilito per il tuo primo incontro. Non preoccuparti, se sarai l'unico ad andare. Si tratta dell'inizio. Porta avanti l'incontro con chiunque si presenti e organizza il prossimo, incoraggiando i partecipanti a portare degli amici. Vai avanti con pazienza e perseveranza.

Consigli dello Scopo

Questo è un ottimo modo per mettere insieme Pratiche ed Inversione con le leggi d'attrazione universale e di creazione consapevole.

Ti suggerisco di organizzare un Consiglio ogniqualvolta vorrai iniziare un nuovo Progetto, o anche semplicemente se ti rendi conto di aver perso l'entusiasmo e la motivazione per qualcosa. Puoi anche programmarne uno per puro divertimento.

Inizia con lo scegliere un luogo tranquillo, nel quale ti senti completamente a tuo agio. Fai tutto ciò che è necessario per far arrivare la tua energia ad un livello di gioia e soddisfazione o addirittura estasi. Puoi fare una camminata a passo veloce, ascoltare della musica ispirante, giocare con il tuo animale domestico o qualsiasi altra cosa che ti porti gioia.

Prenditi il tempo necessario per concentrarti sulla ragione del Consiglio. Puoi anche scriverla, se ciò ti porta maggiore chiarezza. Respira profondamente finché non sentirai il tuo intero corpo rilassarsi. Vai avanti finché ti senti in pace e sereno, ma rimani vigile.

Mantieni la tua completa attenzione sullo scopo del Consiglio e ripetilo mentalmente. Cosa vuoi davvero? Come starai una volta portato il tuo Progetto a compimento? Non limitarti, lasciati andare e guarda a quali risultati potrebbero arrivarti, ben oltre le previsioni realistiche.

Continua così per alcuni minuti, creando ed espandendo la tua visione, mentre allo stesso tempo tieni in mano con delicatezza i risultati che otterrai, come se fossero degli uccellini caduti dal nido. In questo modo ti stai staccando dai risultati, mentre tuttavia continui a mantenerne viva la possibilità di realizzazione.

Vai avanti in questo modo e lascia che il tuo spirito si levi in volo. Se si presentano dei pensieri a distrarti, soprattutto se si tratta di pensieri negativi, considerali come delle mongolfiere che affiorano sulla superficie della tua consapevolezza, poi lascia che si allontanino piano piano. Mantieni tutta la tua attenzione sulla tua visione.

Dopo dieci o quindici minuti, torna al presente pieno di energia e rinfrescato, consapevole del fatto che le risorse delle quali hai bisogno per realizzare il tuo intento stanno già arrivando.

Luoghi significativi

Ci saranno momenti in cui ti renderai conto di esserti allontanato molto dal tuo Scopo. A volte la vita ti colpisce con tale forza e ti scaraventa così lontano dal Cammino, da farti sentire perso e solo. Quando ciò accadrà, troverai che le attività quotidiane come le Pratiche, le Riflessioni e le Preghiere potrebbero non essere sufficienti per ritrovare la strada del tuo Scopo. Quando succede a me, tiro fuori il mio asso nella manica: un Luogo significativo messo da parte per l'occorrenza. Si tratta di un posto speciale che ho scelto, proprio perché in grado di aiutarmi nei momenti in cui mi sembra di non farcela da solo.

Il nome del mio Luogo è Jump Off Rock: si tratta di un posto bellissimo sulle montagne dal quale si gode una splendida vista. Quando è particolarmente sereno, lo sguardo spazia per centinaia di chilometri intorno. Si può camminare su diversi sentieri che si inerpicano sulla montagna, in mezzo a piante di alloro e rododendri, la flora tipica delle montagne Blue Ridge nella Carolina del Nord. Questo Luogo è spiritualmente molto potente per me ed a volte ci vado semplicemente per la gioia che mi procura. Eppure, i momenti più speciali sono proprio quelli in cui sento una forte necessità di avvicinarmi di più a Dio.

Credo che uno dei motivi per cui questo posto in particolare sia in grado di riportarmi verso la mia Vita con uno Scopo è semplicemente perché ho deciso che questa doveva essere la sua funzione. Ho giurato a me stesso che, ogni volta che andrò lassù, non scenderò dalla montagna se non dopo aver ristorato il mio Scopo. Fortunatamente, non mi è mai successo di doverci trascorrere la notte. Di solito, riesco a tornare in contatto con il mio vero sé nel giro di un'ora, durante la quale mi sarò fatto una lunga chiacchierata con Dio ed avrò lasciato andare la rabbia ed i dubbi che avevano determinato la mia vita in quel momento. Così posso godermi il viaggio di ritorno.

Ti suggerisco di scegliere il tuo Luogo significativo e tenerlo da parte per quei momenti in cui ti sentirai "fuori Scopo" ed avrai bisogno di ulteriore assistenza per tornare in carreggiata.

SOSTITUIRE GLI SCHEMI *OFF* CON SCHEMI *ON*

Curati dei tuoi pensieri: diventeranno le tue parole.

Curati delle tue parole: diventeranno le tua azioni.

Curati delle tue azioni: diventeranno le tue abitudini.

Curati delle tue abitudini: diventeranno il tuo carattere.
Curati del tuo carattere: diventerà il tuo destino.

Frank Outlaw

Ti sei mai soffermato ad osservare quante delle cose che fai sono in effetti delle abitudini? Se mi ricordo bene, qualcuno ha detto: "L'uomo è un animale che vive di abitudini". Preso questo per vero, allora gli schemi che seguiamo determinano la qualità della nostra vita.

Come suggerisce la citazione qui sopra, le nostre abitudini ed i nostri schemi mentali - ed emotivi, aggiungerei io - sono fondamentali per decidere chi diventiamo e partecipano a determinare il nostro destino. Andremo ora ad analizzare come fare ad identificare gli schemi Off (riflessi dello Scopo Acquisito) e lasciarli andare, sostituendoli con dei nuovi schemi On (nati dallo Scopo Creato).

Soffermati un momento sull'energia potenziale racchiusa nella frase che hai appena letto: è possibile identificare le abitudini che non ti servono, quelle che non ti nutrono né lo fanno con chi ti circonda e sostituirle con delle nuove abitudini, le quali siano invece in grado di fortificare e migliorare la tua vita.

Facciamo un esempio: immagina di essere un fumatore, il quale sia giunto alla conclusione ormai diffusa che questa non sia un'abitudine che supporti la tua natura più vera. Immagina non solo di smettere di fumare, ma anche di investire il denaro, il tempo e qualsiasi altra risorsa che hai usato fino a quel momento per fumare, per iniziare un programma di fitness in palestra, ossia una nuova abitudine che ti valorizzi e sostenga. Ora pensa come sarebbe, se ti premurassi di sostituire una vecchia abitudine che non ti supporta, con una che lo fa, una ogni mese. Come sarebbe la tua vita in dodici mesi? Io credo che sarebbe irriconoscibile! Questo semplice esempio può solo darti un'idea del potenziale racchiuso in questo strumento per vivere con uno Scopo. Forza, iniziamo!

Come identificare i tuoi schemi Off

Procurati un foglio di carta, appoggialo davanti a te per il lungo e disegna una tabella con cinque colonne. Da sinistra a destra, dai un titolo ad ogni colonna, così come segue:

- Schema Off
- Relazione con lo Scopo Acquisito
- Presa di consapevolezza delle azioni dovute allo Scopo Acquisito
- Creazione di un nuovo schema On
- Messa in pratica

Usa la prima colonna per scrivere una lista degli schemi che ritieni siano basati sulla paura, la mancanza o la lotta per la sopravvivenza. Puoi avvalerti del modello Essere-Fare-Avere per identificare questi schemi in ognuna delle tre aree della tua vita.

Ad esempio, uno schema Off nell'area dell'Essere potrebbe farti preoccupare su come sostenere le tue spese mensili. Un altro potrebbe portarti a sentirti depresso ogni volta che ti svegli e il tempo è nuvoloso o piove (questi sono due degli schemi che ho identificato per me stesso).

Uno schema Off nell'area del Fare potrebbe essere andare a fare shopping ogni volta che ti senti ansioso, oppure isolarti, ogniqualvolta senti che qualcuno si sta avvicinando troppo a te.

Inoltre, uno schema Off nella sezione denominata Avere potrebbe materializzarsi come un eccesso di libri o vestiti nuovi nell'armadio. Chiaramente, questo ti porta a considerare un peso occuparti di tutta quella roba.

Come abbiamo già sottolineato, esiste un legame molto forte tra gli schemi relativi all'Essere ed al Fare ed a quello che finisci per Avere nella tua vita. In effetti, il modo migliore per condurre questo processo è andando a vedere come si presenta uno schema nelle altre due aree, indipendentemente da quale area tu sia partito. Tornando al mio esempio, la preoccupazione relativa a come sostenere le mie spese mensili si trova nell'area dell'Essere. Posso quindi andare ad analizzare quali azioni (o mancanza di tali) seguono nell'area del Fare e quali sono poi le conseguenze finali.

Oppure potrei rendermi conto di possedere un surplus di libri e vestiti. Se questo è l'aspetto dell'area dell'Avere, trovare l'azione corrispondente è semplice: compro continuamente libri e vestiti senza sbarazzarmi di quelli vecchi. E come mai? Ecco, questo può essere un po' più complicato, perché spesso non vogliamo ammettere la verità che sta dietro alle nostre azioni, ossia i pensieri e le emozioni che le determinano. È davvero fondamentale andare a fondo in questo caso, perché è proprio al livello dei nostri pensieri ed emozioni che possiamo realizzare i maggiori cambiamenti.

Sii il più preciso possibile mentre analizzi i tuoi schemi Off. Se ad esempio uno di questi riguarda le tue preoccupazioni, cerca di identificare i dettagli specifici ed a comprendere come si presentano in maniera ripetitiva e regolare.

Collegare le parti

La seconda colonna identifica la fonte di ogni schema, che nasce - come già sappiamo - dalla paura, un senso di mancanza o il senso di lotta per la sopravvivenza. Tuttavia, prova ad essere più specifico: paura o mancanza di cosa? Lotta per o contro cosa e chi? Ecco un esempio:

Fumo anche se so che mi fa male perché dentro di me non sento di meritarmi di essere in salute e in forma. Inoltre, i miei genitori hanno fumato per anni ma non mi sembra che ciò abbia fatto loro molto danno. Proprio questo tipo di pensieri tiene in piedi l'abitudine al fumo.

Oppure,

Ogni mese i preoccupo di come pagherò le mie spese perché, secondo il mio Scopo Acquisito, non c'è davvero abbastanza denaro per andare avanti.

Il punto di questa colonna della tabella è riuscire a comprendere come il tuo Scopo Acquisito determini la tua vita proprio attraverso questi schemi Off.

Diventare consapevole delle azioni dovute allo Scopo Acquisito

In questa parte cominci a diventare consapevole e responsabile delle conseguenze dovute al tuo Scopo Acquisito. Spesso, quando il concetto di Scopo Acquisito è ancora fresca, si tende a distaccarsi dagli effetti ad esso dovuti, dicendo cose come: "Oh, si tratta solo del mio Scopo Acquisito mentre dirige lo spettacolo". Ecco, questo non è esattamente il modo più costruttivo per utilizzare questa distinzione.

Inizia a prendere coscienza ad un livello più profondo, scrivendo gli effetti che il tuo Scopo Acquisito ha avuto su di te e gli altri (ossia lo schema Off). Ad esempio, potresti esserti preoccupato così tanto di come fare a pagare le tue spese da aver evitato anche solo di aprire le buste con le bollette ed essere quindi arrivato ad avere dei debiti. Oppure, il fatto di avere ogni angolo della casa pieno di libri o gli armadi strabordanti di abiti potrebbe averti condotto a litigare con il tuo partner.

Tutto questo non deve però portarti all'auto-commiserazione; al contrario, ti aiuterà a capire quanto ti sia costato seguire questo tipo di schemi. Più sarai consapevole dei costi e più sarai motivato a rimpiazzare uno schema Off con un nuovo schema On.

Creare un nuovo schema On

Con la colonna numero quattro inizia il vero divertimento, perché è proprio qui che hai la possibilità di creare dei nuovi schemi secondo il tuo Scopo Creato. Prima di iniziare a farlo però, assicurati di essere consapevole ed aver ben presente il tuo Scopo. Il nuovo schema non deve essere necessariamente l'opposto di quello esistente, altrimenti questo porterebbe anche il nuovo schema a nascere dallo Scopo Acquisito.

Al contrario, con davanti le informazioni provenienti dalla prima colonna, potrai creare un nuovo schema On grazie al tuo Scopo Creato. In altre parole, esso nascerà da e si fonderà sull'amore universale incondizionato e sulla consapevolezza dell'abbondanza che ci circonda e scorrerà in armonia con l'Universo.

Prenditi il tempo necessario per creare diversi nuovi schemi per ognuno dei vecchi. Sceglierai poi quello che sentirai essere il più adatto a te.

Agisci

L'ultimo passo è quello fondamentale: cerca il modo migliore per poter integrare il nuovo schema On nella tua vita mentre ti lasci indietro i vecchi schemi. Puoi scegliere liberamente con quale schema iniziare, evitando però di strafare: inizia a lavorare con uno per almeno trenta giorni, prima di passare a quello seguente.

Nella stessa colonna puoi anche scrivere quale tipo di supporto ti servirà per fare quel determinato cambiamento, come ad esempio condividere i tuoi propositi con il tuo compagno, un Partner dello Scopo o il tuo coach. Inoltre, potrei voler invitare altre persone a fare questo tipo di cambiamenti con te. Siamo decisamente più determinati nel mantenere i nostri impegni quando ci circondiamo di persone che sono coinvolte nello stesso processo.

Finire fuori strada

Se hai mai provato a cambiare una vecchia abitudine o uno schema comportamentale, sai già che non è sempre facile farlo. A volte, ti ritroverai nel vecchio schema Off o non ti sentirai in grado di essere costante e coerente con quello nuovo.

Rilassati. Succede anche ai migliori. La cosa più importante da ricordarti in quel caso è di non farti prendere da un attacco di Scopo Acquisito, compatirti o biasimarti, perché significherebbe lasciare ad esso il potere di determinare quel momento. Piuttosto, riconosci l'interruzione per quella che è, perdonati, apprezza te stesso e lo sforzo che stai facendo e ri-impegnati a seguire il nuovo schema. Se finisci fuori strada continuamente, allora la tua struttura di supporto non è probabilmente sufficiente. Prova a pensare a come potresti rafforzarla e poi agisci per mettere in funzione la nuova struttura.

Esempio di tabella di schemi On/Off

Schema Off	Relazione con lo Scopo Acquisito	Presa di consapevolezza	Schema On	Messa in pratica
Reagire invece di rispondere.	Paura della storia che si ripete; essere sempre pronti alla lotta (probabilmente non si tratta nemmeno di attacchi veri e propri o comunque non contro di me).	Riconoscere quando lo Scopo Acquisito entra in azione con delle supposizioni, le quali riportano a galla pensieri e sensazioni emotivamente carichi dal passato.	Ascoltare. Respirare. Trovare quel luogo di calma dentro di me e rispondere provenendo da quella calma, in modo amorevole e premuroso.	Fare un passo indietro e guardare alla realtà da un punto di vista più distaccato; non lasciare che una situazione ti carichi emotivamente, piuttosto rispondere con compassione: fare un respiro profondo ed ascoltare.

Procrastinare	Paura di essere "controllato" dalla situazione. Atteggiamento dettato dal pensiero "Ci tornerò su quando io ne avrò voglia" in modo di avere la sensazione di essere in controllo.	Riconoscere di non essere per niente in controllo quando si rimanda, ma che in questo modo ci *si* sta sabotando, piuttosto.	Portare a termine le cose, nonostante le mie resistenze ed invertire la marcia verso un luogo di miglioramento, piuttosto che di sabotaggio.	Muovermi attraverso le mie resistenze; praticare l'Inversione da quelle resistenze per andare oltre la procrastinazione.

Chiamata all'azione: scrivi una lista dei tuoi schemi Off. Tieni la lista per poterci fare riferimento in futuro e per aggiungere nuovi schemi man mano che li identifichi. Scegli uno schema e inizia a sostituirlo con uno nuovo nei prossimi trenta giorni. Poi sceglierne un altro e fai lo stesso.

I BOOMER AL PASSAGGIO #5

Entrambi i coniugi Boomer volevano imparare alcuni degli strumenti di cui abbiamo parlato, dal momento che essi si rendevano conto che passare da una vita determinata dai doveri dettati dai loro Scopi Acquisiti ad una modellata attraverso la passione proveniente dai loro Scopi Creati non sarebbe successo da un giorno all'altro. Entrambi erano pronti a chiedersi come avrebbero vissuto secondo il loro Scopo dopo averlo chiarificato.

Così, si sono concentrati inizialmente sui tre maggiori strumenti, ossia le Pratiche, i Progetti e l'Inversione. Ed ecco alcuni dei loro commenti:

Barbara:
Mi sono sentita sollevata e grata per gli strumenti per vivere secondo il mio Scopo perché avevo già capito mentre lavoravo a chiarificare il mio Scopo, che mi sarebbe servito qualcosa per iniziare a vivere secondo ad esso per davvero.

Ho trovato che la mia Pratica mattutina di dieci minuti è un modo estremamente valido e motivante per iniziare la giornata. Al momento mi alzo appena un po' prima di Bob, metto su il caffè come ho sempre fatto e, mentre resta in infusione, vado sul terrazzo con il mio diario, che è uno splendido quaderno regalatomi dai miei figli anni fa. Tuttavia, ho iniziato solo ora a scriverci. Ogni volta che ci scrivo, inizio con la mia Dichiarazione di Scopo e poi la leggo ad alta voce. È come fare la doccia, mentre lascio l'energia della mia frase riversarsi su di me. Proseguo poi scrivendo quello che mi viene in mente riguardo al giorno precedente e su come ho vissuto secondo il mio Scopo o meno. Visualizzo anche quello che ho programmato per la giornata e come il mio Scopo darà forma alle varie attività. Mi verso una tazza di caffè e torno in terrazzo per finire di scrivere e per ascoltare il cinguettio degli uccellini. Prendermi cura di me stessa in questo modo mi dà una sensazione magnifica e mi porta ad essere più disponibile a curarmi degli altri in maniera divertente, saggia e amorevole.

Inoltre, trovo che l'Inversione sia un valido strumento per tenermi in carreggiata. Come mi ha fatto notare il mio coach, la vita mi dà continuamente delle opportunità per praticarla. Anche solo pensare ai possibili accidenti della vita come opportunità per praticare l'Inversione è un ottimo esempio di Inversione in sé.

Bob:
Mi sto davvero divertendo nel ricreare il mio studio dentistico come un Progetto dello Scopo. Anche se mi rendo conto che ci vorrà del tempo prima di poterlo considerare un'espressione completa del mio Scopo, ossia una vita avventurosa bilanciata da attenta contemplazione e dal contributo che posso dare al mondo, mi rendo conto di sentirmi più vivo ed entusiasta del mio lavoro, di quanto non sia stato in anni.

Ho anche iniziato a coinvolgere la mia famiglia nella mia vita avventurosa, così ho organizzato un'escursione ed andremo a fare rafting sul fiume Colorado con i nostri figli quest'autunno.

PASSAGGIO #6

PADRONEGGIARE GLI STRUMENTI PER VIVERE CON UNO SCOPO

LE TRE DIMENSIONI PER VIVERE CON UNO SCOPO: LA SPIRALE DELLA REALIZZAZIONE

Durante questo viaggio insieme lungo il Cammino ci siamo impegnati nell'assisterti durante la chiarificazione del tuo Scopo di Vita Divino, in modo tale da poter vivere con gioia secondo ad esso.

Ci sono almeno altri due importanti elementi da trattare e puoi pensare ad essi come a due diversi aspetti: infatti, quando saranno parte della tua vita, essa diventerà ancora più ricca e acquisirà maggiore profondità. Un altro modo di considerarli è come una spirale, cioè quello che io chiamo la spirale della realizzazione. Oltre al vivere in modo appassionato e ludico, le altre due componenti vitali di una Vita con uno Scopo sono:

• Una vita di cosciente abbondanza bilanciata dalla semplicità

• Una vita di serenità spirituale

Nonostante l'analisi approfondita di questi due elementi vada ben oltre l'obiettivo di questo libro, l'effetto della sinergia di questi tre aspetti del vivere con uno Scopo è troppo importante per non accennarvi perlomeno.

È più semplice considerare la relazione tra questi tre elementi come un cerchio, anche se in realtà si tratta piuttosto di una spirale su tre dimensioni. È importante notare che, mentre continui nel tuo viaggio sul Cammino e conduci la tua Vita con uno Scopo con passione e al servizio degli altri, si rivela ben presto utile analizzare come una cosciente abbondanza bilanciata dalla semplicità possa aggiungere ancora più qualità al viaggio stesso. Lo stesso vale per la serenità spirituale. Sii costante abbastanza a lungo sul tuo Cammino e sicuramente tutte e tre le dimensioni di cui abbiamo parlato entreranno a fare attivamente parte della tua vita. E che Vita!

Attraverso questo processo imparerai a padroneggiare gli strumenti per vivere con uno Scopo.

Una vita di cosciente abbondanza bilanciata dalla semplicità

Il principio fondamentale di questa distinzione è il fatto che tutti noi viviamo in un universo (o, come lo definisce Ken Wilber, il Kosmo) di infinita abbondanza e ne siamo una sua parte integrante. Il Kosmos è infinito sia sul piano fisico, che su quello metafisico e noi abbiamo l'onore di avere i posti migliori dell'universo, proprio nel punto dove questi aspetti si incontrano, ossia nello Spazio d'Addizione.

Più siamo consapevoli e coscienti dell'abbondanza nell'universo in cui viviamo, più possiamo vivere secondo il nostro Scopo ed esprimerlo, perché nel nostro profondo sappiamo di avere a disposizione tutte le risorse necessarie per farlo. E tutte queste risorse sono lì, a disposizione di chiunque ne faccia richiesta!

Mentre facciamo l'esperienza di conoscere e vivere in un universo infinitamente abbondante, possiamo mantenere il nostro equilibrio continuando a vivere con semplicità e grazia. Questo significa che non c'è alcun bisogno di complicare la vita acquisendo più cose di quelle che ci servono, solo perché abbiamo accesso ad un approvvigionamento illimitato. Ad esempio, sul nostro pianeta c'è abbondante aria da respirare, quindi non c'è alcuna necessità di farne una provvista. Infatti, tutto ciò che dobbiamo fare è inspirare quando ce ne serve di nuova ed espirare per eliminare l'anidride carbonica. Conoscere e vivere con uno Scopo aiuta a vivere in modo più semplice anche perché, grazie ad esso, diventiamo capaci di comprendere quali risorse ci servono a seconda delle circostanze.

Vivere in cosciente abbondanza bilanciata da semplicità è completamente diverso dal modo di vivere al quale sono costrette così tante persone, il cui atteggiamento mentale orientato verso la mancanza le porta ad una vita di povertà e indigenza. Una vita così è determinata dallo Scopo Acquisito con l'ausilio della paura, il senso di mancanza e la lotta per la sopravvivenza.

In effetti, succede spesso che, una volta chiarificato il proprio Scopo di

Vita, molte persone inizino a rendersi conto di un fatto che rallenta la loro crescita, il quale consiste spesso nella mancanza di consapevolezza. Questa è un'opportunità perfetta per passare ad un nuovo livello del Vivere con uno Scopo approfondendo proprio gli elementi di abbondanza e semplicità.

(Per un'analisi più dettagliata, rimando all'articolo intitolato *Purposeful Prosperity: Living a Life of Mindful Abundance Balanced with Simplicity*, al momento disponibile solo in inglese sul nostro sito).

Una vita di serenità spirituale

Dal mio punto di vista, è quasi impossibile vivere appassionatamente con uno Scopo ed al servizio degli altri, in cosciente abbondanza bilanciata da semplicità, senza realizzare che il Cammino sul quale ti trovi è pure una parte fondamentale del tuo viaggio spirituale, il quale include il vivere in serenità spirituale.

Puoi intensificare la tua esperienza spirituale includendo questo elemento in maniera consapevole e grazie a diverse pratiche dello spirito. Potrebbero ovviamente esserci anche altri blocchi ed ostacoli da identificare e lasciarsi dietro alle spalle lungo la via, come ad esempio il rapporto che molti di noi hanno con la religione, dovuto alle esperienza passate, nelle quali la sensazione di controllo e di sicurezza erano preponderanti. Tuttavia, non dimentichiamo che si tratta di religioni che sono state modellate dallo Scopo Acquisito collettivo di una data cultura. Di conseguenza, identificare e liberarsi di questi blocchi è impresa degna di noi: lasciando andare queste esperienze passate, infatti, facciamo spazio ad un rinnovato senso di pace, tranquillità e connessione con lo Spirito.

Grazie a questa spirale della realizzazione, la tua vita diventa più ricca, soddisfacente e appagante. E, ancora prima di rendertene conto, sarai entrato in un modo completamente nuovo di essere, il quale è a volte definito come "servitore visionario del mondo".

Essere un servitore visionario del mondo

Come persona con uno Scopo, hai dentro di te il seme che un giorno potrebbe germogliare e portarti ad essere un servitore per il mondo e questo accade quando il contesto della tua vita non riguarda più te stesso. Infatti, in quel momento esso non riguarderà più solo la tua famiglia, gli amici, la tua comunità o il tuo Paese, ma si allargherà fino ad includere il mondo intero ed il suo ruolo nell'Universo. Alcuni lo definiscono come diventare *cittadini del mondo*, ma immagino ci siano molti nomi. Il punto è che, continuando sul tuo Cammino, spesso capita che il territorio dove hai un impatto si estenda.

Questo non significa necessariamente che l'obiettivo di un servitore del mondo sia fare la differenza per ogni singolo abitante del pianeta o, perlomeno, non in maniera diretta. In molti, infatti, mettono in atto l'approccio definito come "pensa globalmente, agisci localmente". In pratica, mentre agiscono in maniera locale (nella loro città o regione), restano ricettivi ed aperti per l'impatto globale che le loro azioni potrebbero avere.

Essere un servitore visionario del mondo non ha nulla a che fare con la notorietà o la fama. Molti, infatti, non saranno mai noti ai più e continueranno ad operare discretamente, eroi non celebrati. Altri, invece, diventeranno famosissimi, anche se questo non sarà mai il loro obiettivo e sarà solamente un effetto secondario del loro lavoro.

Se vuoi saperne di più, in particolare riguardo ai servitori del mondo che hanno influenzato la mia vita, puoi andare alla pagina Project Purpose sul nostro sito e leggi gli articoli per trarne ispirazioni. Ma fai attenzione a non paragonarti con queste persone: ognuno ha il suo proprio Cammino da seguire.

Grazie per aver percorso il Cammino insieme a me ed avermi permesso di essere il tuo coach e la tua guida. Se questo libro ha migliorato la tua vita in qualche modo, ti esorto a condividerlo con altri, in modo da essere tutti parte creatrice di un mondo con uno Scopo.

So che non è sempre facile vivere con uno Scopo, ma credo fermamente che comprenderai quanto ne valga la pena e per questo sono qui a spronarti nel perseverare.

Ricordati inoltre che viaggiare sul Cammino non ha davvero a che fare con l'arrivare ad una destinazione in particolare, ma riguarda piuttosto il nostro atteggiamento verso il viaggio in sé e la nostra capacità di godercelo fino in fondo. Vivere con uno Scopo non è un fenomeno che possa essere posticipato ad *un giorno*. Si tratta infatti di un'esperienza che va vissuta in ogni istante, come puoi leggere anche nelle Scritture: "Questo è il giorno che l'Eterno ha fatto; festeggiamo e rallegriamoci in esso."

I BOOMER AL PASSAGGIO #6 - DUE ANNI DOPO

Barbara:
Amo la mia vita! Amo vivere con gioia e premura questa una vita che è colma fino a traboccare di divertimento, amore ed ispirante saggezza. Ed è proprio vero! Il mio Scopo si è trasformato negli ultimi due anni e così anche il mio modo di vivere secondo ad esso. Avere Bob come mio Partner è stato magnifico ed ora che anche i nostri figli hanno chiarificato il loro Scopo di Vita, la nostra famiglia vive come una felice Compagnia dello Scopo. Nonostante i nostri figli non abitino più a casa con noi, resta per noi molto importante mantenerci in contatto in maniera regolare e per questo motivo abbiamo iniziato ad organizzare una riunione di famiglia annuale. In effetti, è stata un'idea di Bob: fare rafting sul fiume Colorado è stato così il primo dei nostri ritrovi. Prima ancora di aver finito di scendere il fiume, avevamo già deciso che la riunione seguente sarebbe stata nelle Bermuda, mentre quest'anno trascorreremo una settimana in barca a vela nelle Bahamas.
Ovviamente, i maggiori benefici del vivere secondo il mio Scopo vengono dalla quotidianità e da ogni istante in cui vivo seguendo i miei valori fondamentali e resto aperta alle possibilità che la vita mi offre. Certo, di tanto in tanto mi capita di inciampare nel mio Scopo Acquisito; tuttavia, esso ha sempre meno potere sulla mia vita.

Bob:
Da quando ho chiarificato il mio Scopo, ho assunto un socio e la cosa funziona benissimo. In questo modo, ho molto più

tempo da trascorrere con la famiglia e nella mia comunità. Visto che una parte del mio Scopo riguarda l'essere di supporto per il prossimo, ho iniziato a fare il tutor in un'associazione che si occupa di giovani con vari tipi di disagi sociali. Ogni settimana è un piacere incontrare e passare del tempo con Frankie.

Con Barbara abbiamo iniziato a frequentare una chiesa della zona. Trovo che questo sia un modo fantastico per entrare in contatto con persone che vedono il mondo nel nostro stesso modo, vogliono vivere secondo il loro Scopo e supportarmi nel vivere con attenta contemplazione.

Le nostre riunioni annuali sono solo uno dei modi attraverso i quali porto maggiore avventura nella mia vita. L'anno scorso ho acquistato un kayak ed ora sono un frequentatore assiduo delle rapide dei fiumi nella nostra regione. Ovviamente, alcune persone pensano che io abbia perso la ragione, ma va benissimo così. Vivere una vita avventurosa bilanciata da attenta contemplazione e dal contributo che posso dare al mondo è davvero appagante.

Io gioisco per la vita in sé e per sé. La vita non è una "candela corta", per me. È una specie di splendida torcia della quale io sono padrone per il momento, e che voglio far ardere il più brillantemente possibile prima di consegnarla alle generazioni future.

George Bernard Shaw

RISORSE SUPPLEMENTARI PER VIAGGIARE LUNGO IL CAMMINO

Le risorse che seguono sono qui ad ulteriore supporto lungo il viaggio sul tuo Cammino.

Il programma "Le fondamenta per vivere una vita appagante"

In molti trovano che andare attraverso il processo di chiarificazione per vivere una vita con uno Scopo sia molto più efficace con il supporto degli altri. Intraprendere questo programma è come viaggiare sul Cammino con una carovana di altre persone animate dagli stessi desideri. Inoltre, essendo organizzato in teleclassi (ossia conferenze online o al telefono), è possibile partecipare da ogni angolo del globo.

Per saperne di più, visita la nostra pagina web o contattaci.

I coach certificati Life on Purpose

Negli ultimi anni la popolarità del personal coaching è aumentata in maniera esponenziale e sono in molti ad aver scoperto l'immenso valore di avere un coach al loro fianco. Ecco alcuni dei benefici derivati dall'affidarsi ad uno dei nostri coach:

- Concentrazione - il tuo coach ti aiuta a rimanere concentrato su ciò che più conta nella tua vita.
- Chiarezza - il tuo coach può aiutarti a passare dalla confusione alla chiarezza.
- Sicurezza - vedere quanto il tuo coach creda in te ti aiuta ad avere fiducia in te stesso.
- Struttura di supporto - sessioni di coaching regolari ti danno una struttura per fare progressi costanti nella tua vita.

Il programma di formazione per coach Life on Purpose: creare una comunità globale con i nostri coach più efficaci e di successo

Sei pronto per fare un'enorme differenza nella tua vita? Desideri fare la differenza anche per gli altri? L'idea di assistere gli altri nel processo di chiarificazione del loro Scopo e di vivere secondo ad esso stuzzica la tua fantasia? O forse sei un coach alla ricerca di un approccio sistematico testato per aiutare le persone lungo il loro Cammino? Desideri ardentemente diventare parte di una comunità globale fatta di persone che la pensano in maniera simile alla tua e che sono unite dall'idea audace di voler trasformare loro stessi ed il mondo?

Allora te lo devi: esplora la possibilità di diventare un coach certificato Life on Purpose. Questo programma è nato proprio come un mezzo per realizzare la visione e la missione del Life on Purpose Institute:

La visione: la possibilità per ogni essere umano di vivere al servizio degli altri, con passione e allegria, in cosciente abbondanza, bilanciata da semplicità e serenità spirituale.

La missione: toccare profondamente e contribuire alle vite di almeno l'1% della popolazione mondiale assistendo le persone nel chiarificare e vivere secondo il loro Scopo.

Questo è il fine per il quale stiamo formando alcuni del coach Life on Purpose più efficaci e di successo del pianeta. In questo modo, abbiamo attratto una comunità spirituale di persone dedite alla trasformazione del mondo in un Mondo con uno Scopo.

Sei anche tu uno di queste persone? E come potresti saperlo?

Una delle mie citazioni preferite di Frederick Buechner ti aiuterà a rispondere alla domanda:

"Dio ti chiama nel posto dove la tua gioia profonda e la fame del mondo d'incontrano."

Essere al servizio degli altri come coach Life on Purpose ti darebbe profonda gioia? Ti senti chiamato ad assistere gli altri nella loro trasformazione, mentre allo stesso tempo continui nella tua trasformazione personale? Se è così, possiedi le caratteristiche di base per diventare uno dei nostri coach.

Per saperne di più, visita il nostro sito web: www.lifeonpurpose.com

Insieme possiamo creare un Mondo con uno Scopo

Per oltre 17 anni io e mia moglie Ann abbiamo lavorato al Life on Purpose Institute seguendo la nostra visione, che può essere riassunta semplicemente così: essere un catalizzatore nella creazione di un Mondo con uno Scopo. Ogni volta che qualcuno sceglie di iniziare il proprio viaggio sul Cammino del Significato, ci sentiamo onorati per poter mettere a disposizione il processo Life on Purpose come guida. Crediamo che ogni persona in grado di chiarificare il proprio Scopo di Vita Divino ci porti un passo più vicino alla realizzazione della nostra visione.

Per questo siamo estremamente felici di ricevere notizie da chi si trova in viaggio con noi. Puoi metterti in contatto con noi attraverso il nostro sito www.lifeonpurpose.com e lasciandoci un messaggio o contattandoci direttamente per email admin@lifeonpurpose.com Se preferisci contattare direttamente Claudia Ferretti, la quale non solo ha tradotto il libro in italiano, ma è anche una coach certificata Life on Purpose, puoi scrivere direttamente a lei a info@claudiaferretti.com

Chi conosci che potrebbe trarre beneficio dal conoscere il proprio Scopo di Vita con chiarezza cristallina? Perché non condividere questo libro con loro! Su Facebook e Twitter puoi scrivere i riferimenti usando #OnPurpose.

Infine, ti chiediamo di prenderti un paio di minuti e scrivere una recensione del libro su Amazon usando questo link www.lifeonpurpose.com/latuavita Non è necessario scrivere molto. Ricorda che anche ogni recensione è un passo in più verso un Mondo con uno Scopo.

Condividi il tuo cammino`

Se sei arrivato fino a questo punto del Cammino, ti meriti una bella pacca sulla spalla. Dopo tutto, perché non prendersi un minuto e condividere il tuo progresso con noi? Mandaci un'email al Life Purpose Institute a admin@lifeonpurpose.com o a Claudia Ferretti (la nostra coach madrelingua italiana) a info@claudiaferretti.com
Se ne hai voglia, puoi scrivere una breve recensione del libro su www.lifeonpurpose.com/latuavita, sul portale dove l'hai acquistato o sul tuo blog preferito.

Appunti

Intuizioni   Azioni

Porpoise Publishing

Flat Rock, NC 28731
www.lifeonpurpose.com
Library of Congress Cataloging-in-Publication Data

La tua vita con uno Scopo : Sei tappe verso un'esistenza illuminata
W. Bradford Swift.
ISBN-13: 978-1930328105
EBook: 978-19-930328112
1. Conduct of Life 2.Spiritual Life 3. Personal Coaching 4. Life
Copyright © 2015, W. Bradford Swift

All rights reserved. No part of this publication may be reproduced, stored in a retrieval system, or transmitted in any form or by any means, electronic, mechanical, photocopy, recording or otherwise, without prior written permission from Life On Purpose Institute, Inc / Porpoise Publishing, with the exception of short excerpts used with acknowledgement of publisher and author.

Author's photo by B. J. Condrey
Translation by Claudia Ferretti
Typeset in Times News
and Helvetica

Printed in USA
First Edition

www.ingramcontent.com/pod-product-compliance
Lightning Source LLC
Chambersburg PA
CBHW071700090426
42738CB00009B/1609